내 맘에 드는 내가 되고 싶어

10DAI KARA NO MENTAL CARE
「MINNA TO CHIGAU」 JIBUN O TAISETSU NI SURU HOHO
©Hideo Honda 2023
First published in Japan in 2023 by KADOKAWA CORPORATION, Tokyo. Korean translation rights arranged with KADOKAWA CORPORATION, Tokyo through Shinwon Agency Co., Seoul.

일러두기

이 책의 일부 외래어(멘탈, 팔로워 등)는 국립국어원의 외래어 표기법 기준이 아닌 실생활에서 자주 쓰는 표기로 바꾸어 실었습니다. 또한 본문 중 청소년에게 도움이 되는 정보는 우리나라 상황에 맞게 수정 및 보완했습니다.

내 맘에 드는 내가 되고 싶어

○ 글 혼다 히데오

◆ 옮김 우민정

오유아이 Oui

차례

여러분은 스스로에게 자신이 있나요?

당당하게 "자신 있어요!"라고 말할 수 있는 사람이 많지는 않을 겁니다. 특히 10대 시절에는 집단생활 속에서 다른 사람과 나를 비교하는 때가 많은 법이지요. 자신감을 가지기 어려운 시기라고 생각합니다.

주변 친구들은 쉽게 친한 그룹을 만들거나 남자 친구, 여자 친구를 만드는데, 자기만 친구를 잘 사귀지 못하면 기분이 우울할 수 있습니다.

이 책은 그런 경험이 쌓이면서 '나는 안 돼.', '나는 왜 남들과 다를까?' 하고 고민하는 여러분이 '나다움'을 소중히 여기며 자신을 되찾았으면 하는 마음으로 썼습니다.

나를 소중히 여기기 위해서는 먼저 나를 알아야 합니다. '남들과는 다르다'고 느낀 적이 있다면, 그건 나 자신을 알 기회입니다.

혼자 걸도는 느낌 속에 나다움이 숨겨져 있을지도 모릅니다. 내가 남들과 어떻게 다른지를 알면 내 특징도 반드시 보일 겁니다.

이제부터 나다움을 찾아, 나의 좋은 점을 소중히 여길 수 있는 힌트를 많이 소개하려고 합니다.

이 책이 여러분의 자신감을 응원할 수 있기를 바랍니다.

혼다 히데오

대화에
끼어들기가
어려워요

왜 내가 말할 때만 분위기가 이상해질까

학교에서 다 함께 무엇을 할 때, 나 혼자만 어긋나서 고민하는 사람이 있을 겁니다.

예를 들어 앞의 만화처럼 여러 명이 수다를 떨고 있을 때 누가 무슨 말을 해도 분위기가 좋았는데 **내가 말하면 분위기가 좀 이상해져 버리는 겁니다.** 같은 화제로 수다를 떨고 있는데 내 말만 뭔가 걸도는 거죠. 그 차이를 다들 아는데 나는 잘 모르겠습니다. 이렇게 어긋나는 분위기에서는 누구라도 당황스러운 법입니다.

이야기가 잘 안 통한다면 내 탓일까요? 내가 이상해서 뭐가 재미있는지 이해하지 못하는 거라면 친구들에게 맞춰 말투나 내용을 바꾸는 게 좋을까요?

아니면 상대방이 이상한 걸까요? 다들 모르는 게 많아서 내 이야기를 따라오지 못하는 거라면 그 친구들보다 이야기가 잘 통하는 상대를 찾는 편이 나을까요?

그저 서로 잘 안 맞는 것일 뿐

이야기가 서로 어긋날 때는 어느 쪽이 이상하다기보다는 서로 잘 안 맞는 거라고 생각합니다. 앞서 만화에서처럼 친구들 사이에서 나 혼자만 대화가 통하지 않는 경우, 내가 이상한 거라고 생각해 버리기 쉽지만 **반드시 다수가 옳고 소수는 틀린 게 아닙니다.** 어느 쪽이 옳은 게 아니라 재미있다고 생각하는 것이 서로 다를 뿐입니다.

나와 모두의 차이를 어떻게 생각하면 좋을까

"소수 의견이라고 해서 이상하다고 생각할 필요는 없어."라고 말해도 모두와 항상 이야기가 안 통한다면 역시 힘들죠. 다들 신나서 하는 대화에 끼고 싶은 마음, 공감해 줄 친구가 있으면 좋겠다는 마음도 생길 겁니다.

이 책은 그런 것 때문에 고민하거나 헤매는 사람들에게 답하는 책입니다. '남들과 다른' 나의 생각을 소중히 여기며 주변 사람들과도 무리 없이 지내기 위해서는 무엇을 주의하면 될지, 그 힌트를 지금부터 소개하겠습니다.

제1장

나는 어떤 유형일까?

다른 사람에게 맞추는 것보다
내 방식이나 속도가 중요해

남들과 안 맞는 게 많고 늘 어긋나기만 하면 고민이 될 겁니다. 그럴 때는 상대방에게 맞추기보다 내 방식이나 속도를 중요하게 여기는 편이 낫습니다.

세상에는 다양한 유형의 사람이 있습니다. 여러 가지 일을 평균만큼은 잘할 수 있는 사람이 있는가 하면, 잘하는 것과 못하는 게 딱 나뉘어 있어서 공부는 잘하지만 운동은 못하는 사람도 있습니다. 물론 노력이나 연구를 해서 부족함을 채울 수도 있지만, 잘하는 것과 못하는 것은 채울 수 있는 정도의 차이가 다릅니다. **남들에게 맞추려고 생각하고 아무리 노력해도 잘할 수 없는 것도 있습니다.**

내가 어떤 유형인지 알기 위한 간단한 방법

내 방식이나 속도를 지키려면 내가 어떤 유형인지 아는 게 중요합니다. **내가 어떤 유형인지는 '흥미'를 갖는 방식을 생각하면 알기 쉽습니다.**

여러분이 지금 가장 흥미를 느끼는 것은 무엇인가요? 저마다 떠오르는 게 다를 텐데, 왜 여러분은 그 대상에 흥미를 갖게 되었을까요?

아마 여러분이 그것을 좋아하는 마음은 한마디 말로, 한 가지 이유만으로 표현할 수 없는 특별한 마음이지 않을까요? 사람이 무언가에 흥미를 느낄 때는 특별한 이유가 없고, 정신을 차려 보니 좋아하게 된 것을 깨닫는 경우가 자주 있습니다.

'좋아하는 것'은
무리해서 바꾸지 않아도 괜찮아

한편 다른 사람이 "이거 재미있어!"라고 강력하게 추천해도 흥미가 안 생길 수 있습니다. 내가 좋아하는 것을 추천해도 상대가 흥미를 못 느끼는 경우도 있죠. **내가 '좋아하는 것'이나 남이 '좋아하는 것'은 바꿀 수 없는 경우도 많습**

니다.

내가 좋아하는 것이나 잘하는 것, 특징, 유형은 어느 정도 조정은 할 수 있지만 절대 바꿀 수 없는 부분도 있습니다. 그러니 진짜 좋아하는 것은 남들의 분위기에 맞춰 바꾸지 않아도 됩니다. 특별히 좋아하지도 잘하지도 않는 거라면 남들에게 맞춰도 괜찮겠지요. 그런 생각으로 공부, 운동, 친구 관계를 해 나간다면 나답게 잘할 수 있을 겁니다.

남에게 이야기할 만한 '좋아하는 것'이 없다면

'난 그 정도로 좋아하는 건 없는데.'라고 생각하는 사람도 있을지 모릅니다. '게임을 좋아하지만, 나보다 더 좋아하거나 잘하는 사람이 많잖아.'라고 생각하는 사람도 있겠죠. 그래도 괜찮습니다. **좋아하는 마음은 다른 사람과 비교하지 않아도 되고, 남들에게 자랑할 만한 특기가 아니어도 됩니다.**

하고 있으면 나도 모르게 집중하게 되고, 시간이 빨리 흘러간다고 느끼는 거라면 뭐든지 좋습니다.

게임 같은 취미도 좋고, 재미있는 동아리 활동, 유달리 집중이 잘되는 과목 정도로도 충분합니다. 그런 것들을 중심으로 나만의 스타일을 만들어 갑시다.

내 스타일을 정하면 '포기하는 것'이 늘어난다고?

내가 좋아하는 것을 중심으로 나만의 스타일을 만들어 간다는 것은 자기 삶의 방식을 '결정하는' 일이기도 합니다.

그렇게 하나의 길을 결정하면 다른 무언가를 포기해야 할 때도 있습니다. 예를 들면 '취미가 맞는 친구만 사귀겠어.', '내가 무리해서 사귀고 있는 사람과는 거리를 두겠어.' 라고 결정하면 사귀는 친구의 수는 지금보다 줄어들 수 있습니다.

누구와도 사이가 좋고, 친구가 많았으면 좋겠다고 생각하는 사람이라면 이 사실은 조금 충격일지도 모르겠습니다. 또한 부모님이나 선생님에게 '포기하지 않고 노력하는 것'이 중요하다고 배워 온 사람은 좀처럼 받아들이기 힘든 말일지도 모릅니다.

사실은 포기하는 게 나쁜 것은 아닙니다. 한자어 '포기抛棄하다'라는 말의 '던질 포抛'에는 원래 '드러내다'는 의미가 있습니다. 뜻을 분명히 밝혀 드러낸 다음, 하나를 선택해 결정한다는 의미가 담겨 있는 것입니다. '포기하다'는 '결정하다'와 떼려야 뗄 수 없는 관계입니다. 뭔가를 포기해야 비로소 내 방식을 결정할 수 있습니다.

다 따라가려고 하지 말고 나만의 길을 정해

10대 시절에는 꿈과 희망으로 부풀어 있습니다. '열심히 공부하고 싶다.', '운동도 잘하고 싶다.', '친구가 많았으면 좋겠다.', '취미지만 남들보다 잘하고 싶다.' 등 이루고 싶은 게 많습니다. 다른 사람이 할 수 있는 건 나도 할 수 있게 되기를 바랍니다. 그런데 그중에는 이루어지지 않는 일도 있습니다. 그래서 머리가 복잡하도록 고민하는 것이죠.

그럴 때는 다 따라가려고 무리하게 노력하지 말고, **몇몇은 포기하고 나만의 길을 정하는 게 중요합니다.** 그렇게 하면 '남들처럼 하지 못한다'는 고민은 점점 없어질 겁니다.

'너는 바뀔 수 있어'라는 말로
무턱대고 격려하려는 게 아냐

"좋아하는 걸 찾자.", "나만의 스타일을 정하자."라는 말을 들으면 '내가 적극적으로 바뀌어야 해.'라는 생각을 하는 사람도 있을지 모릅니다.

분명 세상에는 "너는 바뀔 수 있어."라는 말로 여러분에게 용기를 주려는 사람도 있을 테지만, 저는 여러분이 꼭 바뀌어야 한다고는 생각하지 않습니다.

사람마다 바뀌고 싶다는 기분을 느끼는 정도가 다릅니다. 이 책을 읽고 '내 이런 점은 바꾸고 싶다'고 생각하는 게 있다면 달라져도 되겠죠. '되고 싶은 게 있지만, 힘들 것 같아.', '나는 못할 것 같아.'라고 생각한다면 달라지지 않아도 됩니다. 당장 아무것도 바꾸지 않아도, 언제든 달라질 수 있다는 것을 아는 것만으로 마음이 편해질 수 있습니다. 안 바뀌어도 괜찮습니다. 아는 것만으로도 괜찮습니다.

'지금 그대로의 너도 괜찮다'고 말하고 싶은 것도 아니야

다만 저는 여러분에게 지금 그대로의 너로도 괜찮다고 말하고 싶은 것도 아닙니다. 요즘 흔히 하는 위로의 말이지만 그런 말을 들었다고 안심할 수 있는가 하면 그렇지도 않습니다.

제가 여러분에게 하고 싶은 말은 '**바꾸는 것도, 바꾸지 않는 것도 여러분이 선택할 수 있다**'는 것입니다.

원래 인생은 바꾸거나 바꾸지 않는 두 선택지만 있는 게 아닙니다. 여기까지는 바꾸지만, 여기부터는 바꾸지 않겠다는 선택을 하는 경우가 더 많습니다.

그런 의미에서 **여러분이 '바꾸지 않아도 되는 부분'을 깊게 생각하고 잘 판단했으면 합니다.**

내가 좋아하는 것, 나다운 방식은 바꾸지 않아도 되는 부분입니다. 나다움을 소중히 여기면서 그 외의 부분은 주변 사람들에게 잘 맞춰 갈 수 있다면 한결 편안한 마음으로 생활할 수 있을 것입니다.

나다움을 소중히 여기기 위해

이 책은 여러분이 좋아하는 것, 나다운 방식을 찾아서 나만의 스타일을 정할 수 있도록 도와줍니다.

'친구, 노력, 보통'의 세 가지 주제로 나눈 다양한 고민을 만화로 소개하고, 발상을 전환할 힌트를 모았습니다.

잘 안 풀리는 일들 속에서 어떤 사고방식을 가지면 내 장점을 깨달을 수 있을지, 지금부터 이야기하는 내용을 참고해서 여러분 스스로 어떻게 하면 좋을까 생각해 보기를 바랍니다.

아무 곳에서부터 읽기 시작해도 괜찮습니다. 마음이 가는 페이지부터 펼쳐 보세요.

제2장

친구란 뭘까?

친구랑 사귀는 방법은
하나만 있는 건 아니야

지금부터는 제가 많은 10대들에게 들어 온 고민을 소개하고 발상을 전환하는 방법을 제안하겠습니다. 먼저 친구 관계에 대한 고민부터 시작해 보죠.

학교생활은 같은 반 친구와 지내는 시간이 정말 많습니다. 그렇기 때문에 친구 관계가 뜻대로 안 되거나, 친한 친구 그룹에서 멀어지면 계속 가슴이 답답할 수밖에 없습니다.

선생님은 자꾸 친구들과 사이좋게 지내라고 말합니다. 또 누구와도 사이가 좋고 친구가 많은 아이는 반에서도 쉽게 눈에 띄기 마련입니다.

현실의 친구와 SNS에서 친구를 맺을 때, 친구의 수가 그 대로 팔로워나 '좋아요'의 수로 연결되기도 합니다.

다시 한번 생각해 보면 '친구'란 도대체 뭘까요? 또 '친구'라는 테두리에서 벗어나거나 친구 수가 많지 않다는 게 그렇게 좋지 않은 걸까요?

일반적인 친구의 정의나 어른들이 이상적으로 여길 법한 친구 사귀는 방법은 제쳐 두고 **내 유형에 맞게 친구 관계를 만들어 가는 법**을 함께 생각해 봅시다.

저는 '내가 어떤 유형의 사람인지를 알고, 거기에 어울리는 방식으로 문제에 대처해 나가겠다'고 발상을 전환함으로써 고민에서 해방된 사람들을 봐 왔습니다.

책장을 홀홀 넘기다가 궁금한 부분부터 펴서 읽는다면 '아, 이런 사고방식도 있구나.' 깨닫고, 여러분의 고민에 도움이 되는 어떤 힌트라도 얻을 수 있으리라고 생각합니다.

친구 관계 때문에 가슴이 답답해요

'친구 관계 고민'은 사람에 따라 꽤 달라

누구나 친구 관계에 대해 고민을 하지만 "왜 가슴이 답답해?" 하고 물어보면 고민하는 포인트는 사람에 따라 다릅니다. "대화할 친구는 있지만, 취미가 맞는 친구가 없어요."라고 고민하는 사람이 있는가 하면, "절친이라고 부를 만한 친구가 없어요."라는 사람도 있고, "친한 친구는 있지만, 가끔 괜히 혼자 있고 싶어져요."라는 사람도 있습니다.

사람마다 원하는 것은 다르지만 **기본적으로 친구 관계의 고민은 '자신을 둘러싼 인간관계에 만족하지 못하고 있다'는 것입니다.** 친구의 수나 성격, 사귀는 방식을 생각해 봤을 때, 만족할 만한 상황이 아니기 때문에 가슴이 답답합니다. 그래서 친구 관계를 바꾸려는 것입니다.

애초에 '친구'란 뭔지 설명할 수 있을까?

그런 경우 많은 사람이 친구를 더 만들거나, 더 사이좋게 지내려고 합니다. 그렇게 '더 많이', '더 친하게'를 추구하더라도 좀처럼 만족할 수 없으니 무리해서 더 노력하려고 합니다.

친구 관계로 고민될 때는 '애초에 친구란 뭘까?' 하고 생각해 봅시다. 친구에는 여러 형태가 있습니다. 항상 함께 놀아야 친구라고 생각하는 사람이 있는가 하면, 가끔 노는 관계를 친구라고 생각하는 사람도 있습니다.

예를 들어 평소에는 그렇게 접점은 없지만 시험공부를 할 때만 함께하는 친구도 좋다고 생각할 수 있습니다. 거기에서 '더 친하게' 지내겠다고 생각하지 않고 '지금 관계가 딱 좋다'고 생각하며 사귀는 겁니다. 그런 거리감이 잘 맞는 사람도 있습니다.

'이상적인 친구 관계'를 고집하지 않아도 괜찮아

'항상 함께 있을 수 있는 게 친구야. 그런 상대를 만들어야 해.'라고 생각하면 괴로워지는 법입니다. 그렇게까지 친해질 수 없는 상대인데도 사이좋게 지내려다가 결국 나만 참는 경우도 생깁니다. 그렇게 되면 무엇 때문에 친구를 사귀는 건지 점점 모르게 되죠.

사춘기에는 항상 누군가와 교류하는 사교적인 인간이 되려는 사람이 많습니다. 그것이야말로 밝고 건강한 삶의 방식이라고 생각하는 거죠. 그러나 여러분이 힘들다고 느낀다면 지나치게 노력하지 않아도 괜찮습니다. **'가끔 노는 사이지만 우리는 친해.'**라고 생각의 방향을 바꾸면 무리하지 않고 친구를 사귈 수 있지 않을까요?

나를 소중히 여기면
친구 관계의 답답함이 줄어들 거야

여기까지 읽고 깨달은 사람도 있을지 모르지만, **친구를 사귈 때 만족하려면 친구보다 나 자신을 소중히 여기는 게 좋습니다.** '친구를 위해 뭘 하면 좋은 사이가 될까?'가 아닌 '나는 어떻게 친구를 사귀고 싶은가?'를 생각해 보세요. 누구와 취미에 관해 이야기하고 싶고 함께 있고 싶은지, 마음 편한 거리감은 어느 정도인지 등을 생각하다 보면, 저절로 나에게 맞는 친구를 사귀는 방법이 보이기 시작할 것입니다.

학교에서는 반 친구들과 나름대로 대화를 나누며 보내고, 수업이 끝나면 바로 혼자 집에 돌아와 온라인 게임을 하며 즐거운 시간을 보내는 사람도 있습니다. 혼자 집에 가는 모습만 보면 친구가 없는 것처럼 보일지 모르지만,

자기만의 방식으로 친구를 사귀고, 생활에 만족하고 있는 거죠.

나다운 방식으로 친구를 늘려가기 위해서는 '모두와 사이좋게'보다는 '내가 즐겁게'를 우선해 보세요.

친구 사이는 다양해

가끔 만나는 사이

어디서나 함께하는 사이

가끔 밥을 같이 먹는 사이

내가 편하게 느끼는 친구와의 거리는 어느 정도인지 생각해 보자

기억해!
'사이좋게'보다 '즐겁게'를 우선하면 좋은 친구 관계를 만들 수 있어.

친한 친구가
한 명밖에
없어요

절친이 결석하면 조퇴하고 싶다는 마음은 일종의 '자기방어'

친구 관계의 고민 중 하나로 '친한 친구가 적다'는 말을 듣기도 합니다. 같은 반에 절친이 한 명 있고 그 친구와는 이런저런 이야기를 할 수 있지만 다른 사람과는 깊은 이야기를 할 수 없거나, 쉬는 시간은 대부분 절친과 보내고 있거나, 절친과 함께할 수 있을 때는 괜찮지만 절친이 결석을 하면 마음이 불안하다는 등의 고민입니다.

제가 상담한 학생 중에는 "절친이 결석한 날에는 저도 조퇴하고 싶어져요."라고 말하는 사람도 있었습니다. 특별히 아픈 곳도 없으면서 혼자 있는 게 힘들다고 조퇴하면 내내 꺼림칙한 마음이 들 겁니다. 다만 **마음이 불편한 상황에서 그렇게 대처하는 것은 일종의 '자기방어'**일 수 있습니다.

기댈 수 있는 절친이 없는 상황에서 너무 불안한 나머지 자신을 지키기 위해 본능적으로 '조퇴'를 하고 싶어질 수 있습니다. **외톨이라고 느꼈을 때, 그 자리에서 도망치고 싶다고 생각하는 것은 이상한 일이 아닙니다.** 스스로를 '나약한 인간'이라고 자책하지 마세요. '여기 있고 싶지 않다'고 느끼는 자신을 인정해도 괜찮습니다.

친구 사귀기는 '운'으로 결정되기도 해

이런 말을 하면 대체 어쩌라는 거냐고 할 수도 있지만, 사실 누군가와 친해지는 것은 운으로 결정되는 면도 있습니다. 그러니 마음 맞는 상대가 많지 않은 환경에 놓였을 때는 '운이 없었을 뿐'이라고 생각하고, 자책하지 않도록 합시다(이 '친구 운'에 관한 이야기는 제2장의 58쪽에서도 자세히 설명하겠습니다).

물론 '친구가 한 명밖에 없다'는 고민을 말하면 주변 어른들이 "여러 친구에게 더 적극적으로 말을 걸면 어때?", "다른 사람에게도 관심을 가져 봐!" 등의 충고를 할지도 모릅니다.

그런 말을 들었다고 해도 내키지 않으면 무리해서 행동할 필요는 없습니다. 학교에서는 지금 있는 한 명의 친구와 평소대로 지내면서 친구 운이 찾아오기를 기다리는 것도 하나의 방법입니다.

기억해!

친구 사귀기는 운으로 결정되기도 해. 마음이 맞는 상대가 없을 때는 무리해서 누군가와 친해지지 않아도 괜찮아.

친구에게도 말할 수 없는 고민이 있어요

'고민하는 나'를
남에게 보이는 건 쉽지 않아

"저한테는 뭐든지 이야기할 수 있는 절친이 한 명도 없어요."라며 상담을 요청해 오는 경우도 있습니다. 고민거리를 누군가가 들어 줬으면 싶지만 속마음을 털어놓을 수 있는 상대가 없습니다. 그렇게 고민을 혼자서 떠안아 버리면 괴롭습니다.

'고민하는 나'를 남에게 보이는 것은 쉽지 않습니다. 상대방의 반응이 어떨지 알 수 없으니 고민을 털어놓을 때는 용기가 필요하죠. 자신의 나약함을 보이는 것 같아 부끄러울 수도 있습니다.

큰마음을 먹고 말해도 때로는 상대방에게 비웃음을 살수도 있습니다. 과거 그런 경험을 한 적 있는 사람이라면 친구에게 뭐든 이야기해 보려는 마음이 들지 않을지도 모릅니다.

상담할 친구가 없다는 사람은 꽤 많아

의외로 **고민을 털어놓을 만한 절친을 못 찾겠다**는 경우가 꽤 있습니다. 고민 3에도 적었지만, 친구 관계는 운으로 결정되는 면이 있습니다. 이런 말을 하는 게 미안하지만, 아무리 절친이 있으면 좋겠다고 바라더라도 안 생길 때는 뭘 해도 안 생깁니다.

그럴 때는 '절친에게 상담하는 것'에 고집하지 말고, **반 친구들과 평상시에 대화를 자주 하면서 상담 상대를 찾는 것**을 추천합니다. 그러다 보면 뜻밖의 순간에 '이 아이랑 이야기하는 게 편해.'라는 생각이 들기도 합니다. 그렇게 느껴지는 친구를 찾았을 때 상담해 보는 것은 어떨까요?

친구가 힘들다면 이야기하기 편한 어른에게 기대도 괜찮아

그렇게 해도 마음을 열 친구를 좀처럼 못 찾겠다는 사람은 부모님이나 선생님 등 어른에게 기대는 것도 좋습니다. 언젠가 상담 상대로 알맞은 또래 친구를 만날 날도 올 거라고 생각하지만, 그때까지는 어른에게 기대어 보겠다고 생각하는 방법도 있습니다.

부모님과도 선생님과도 그렇게까지 사이가 좋지는 않다면 **사이좋은 관계가 아닌 이야기하기 편한 관계에 중점을 두고 상대를 찾아보는 것은 어떨까요?**

상담은 거리가 가까운 사람에게만 할 수 있는 것은 아닙니다. 그렇게 발상을 조금씩 바꿔 보면 '자주 만나는 건 아니지만 이야기하기 편한 보건실 선생님' 등도 후보 중 한 명으로 떠오를 가능성이 있습니다.

상담한다면
'멈춰 서서 이야기를 들어 줄 사람'에게

고민 상담을 잘 못하는 사람은 '나 따위의 이야기를 들어 줄 사람은 없어.', '이런 걸로 고민하거나 남한테 기대면 안 돼.'라고 생각하기도 합니다. 그러나 세상에는 마음이 넓은 사람이 꽤 있고, 그런 사람은 누군가가 진지하게 상담을 요청해 오면 제대로 이야기를 들으려고 합니다.

좋은 상담 상대를 찾는 비법을 소개합니다. **여러분이 잠깐 말을 걸었을 때, 상대방이 멈춰 서서 내 이야기를 들어 주는가 확인**하는 것입니다. 이때, 하던 일을 하면서 눈을 맞추지 않고 대답하는 사람보다 손을 멈추고 여러분을 보고 대답해 주는 사람이 좋은 상담 상대가 될 가능성이 있습니다. 그런 사람에게 가벼운 상담을 했을 때 받아 주었다면 더 중대한 내용의 상담을 해 봐도 좋습니다.

어, 그래?

아, 그랬구나.
힘들었겠다.

· 눈을 마주치지 않는다
· 작업을 하면서 듣고 있다
· 아무렇게나 대답하거나
  자기 이야기를 많이 한다

· 눈을 맞춘다
· 멈춰 서서 듣는다
· 확실히 대답하고
  함께 생각해 준다

상담하고
싶어져!

여러분이 이야기하기
편한 상대를 찾아보자

기억해!

'뭐든지 이야기할 수 있는 절친'이 없는 것은 이상한 일이 아니야.
친구만 고집하지 말고, 부모님이나 선생님에게 상담하는 것도 좋아.

동아리 활동이나 학교 일을 너무 많이 맡게 돼요

너무 열심히 하다가
건강을 해치는 사람도 있어

친구 관계에서는 부탁을 거절할 수 없다는 고민이 많습니다. 스스로 그런 이야기를 꺼내는 경우는 적지만 이야기를 듣고 있다 보면 '이 아이는 부탁을 너무 들어주다보니 힘들구나.' 하고 알게 되는 때가 있습니다. '거절하지 못한다'라기보다는 '너무 애쓴다'는 고민이네요.

본인은 할 수 있다고 생각해 받아들이지만 실제로는 한계를 넘어서서 스트레스 때문에 잠을 잘 못 자거나 식욕이 떨어지기도 합니다.

모두에게 도움이 되고 싶다는 사람을 말리는 건 어렵습니다. 하지만 몸이 상했을 때는 반드시 휴식이 필요하다는 사실을 잊지 마세요. **열심히 하는 게 나쁜 건 아닙니다. 하지만 어디서부터가 '지나치게 열심히'인지를 알아두는 건 중요합니다.**

친구와의 관계가
'상호 동등'한지 아닌지 의식하자

친구의 기대에 맞추려고 너무 애쓰다가 잠을 잘 못 자거나 입맛이 없는 등 컨디션에 변화가 나타나고 있다면 그건 분명 휴식이 필요하다는 신호입니다. 부탁받은 건 거절하고 내 시간을 확보합시다.

단, 컨디션이 변하지 않더라도 어느새 스트레스가 쌓인 경우도 있습니다. 그럴 때는 친구와의 관계가 '상호 동등'한 관계인지 잘 판단해 보기를 바랍니다.

나는 동아리 활동이 바쁜 친구들을 대신해 몇 번이나 청소 당번을 맡아 주었는데 내가 부탁하면 친구들이 들어줄지, 시험 전에 항상 노트를 빌려 달라고 하는 친구는 내 고생을 알고 있는지 말입니다. **'나만 항상 애쓰는' 상황이라면 부탁을 거절하는 것도 생각합시다.**

친구 관계는 기본적으로 '상호 동등'하지 않으면 성립하지 않습니다. 내가 상대를 위해 뭔가를 하는 대신, 나도 상대에게 뭔가 얻는 것이 있기 때문에 친구 관계는 유지됩니다.

여러분은 친구와 대등하게 사귀고 있나요? 이 질문에 어딘가 마음에 걸리는 부분이 있다면 한 번쯤 친구와의 관계를 다시 살펴봐도 좋습니다.

누군가에게 도움이 되고 싶다고 생각하는 건 너무 애쓰는 걸까?

사람들 중에는 '누군가 기뻐하는 게 나의 행복'이라고 생각하는 사람이나 '남의 이야기를 듣는 게 좋다'는 사람도 있습니다. 그런 사람들은 누군가에게 부탁하는 횟수보다 부탁받는 횟수가 많기 쉽습니다. 다른 사람이 보기에 대등한 관계로는 보이지 않아도 둘 사이에 '상호 동등'한 관계가 성립되어 있다면 괜찮습니다.

예를 들면 친구는 항상 연애 이야기를 하고 싶은 유형이고, 나는 그 이야기를 듣는 게 즐거운 유형일 경우가 그렇습니다. 이야기하는 양은 친구가 많지만 상대방이 내 이야기를 들어줘서 고맙다고 생각하고 있다면 "무슨 일 있으면 말해 줘.", "언제든지 네 이야기를 들어 줄게." 등의 말을 내게도 건네줄 것입니다.

여러 가지를 포함해서 종합적으로 대등한 관계라면 괜찮아

"상대도 나를 위해 뭔가 해 주니까 나도 보답해야지.", "이 친구가 부탁하면 들어주고 싶어.", "나도 곤란할 때

는 이 친구에게 기대고 싶어." 이렇게 생각할 수 있는 상
대라면 노력해도 괜찮습니다. 단, 내 건강을 해치고 있는
건 아닌지, 관계의 균형이 망가진 건 아닌지 잘 판단하도
록 하세요.

한쪽만 너무 애쓰고 있는 관계는 사귀는 방법을 돌아봐야 해

기억해!
친구와의 관계는 '상호 동등'한 관계야.
그렇게 의식하고 있으면 적당한 거리를 두고 사귈 수 있어.

어떤 그룹에도
못 들어가겠어요

그룹을 나누는 상황에서
어디에도 못 들어가고 남겨지면

학교생활에서는 적은 수의 인원으로 그룹을 나누는 상황이 자주 있습니다. 예를 들어 쉬는 시간에 놀 때나 잠깐 수다를 떨 때, 그리고 수업 중에 몇 명이서 조를 만들 때도 있습니다. 행사에서는 조별로 행동할 때도 있죠.

그런 상황에서 그룹에 잘 들어가지 못해 힘들다는 고민도 자주 듣습니다. 특히 많은 이들이 **'어릴 때는 그룹에 쉽게 들어갔는데 점점 못 끼겠다'**는 고민을 이야기합니다. 다들 몇 명씩 나뉠 때 자기만 끝까지 남게 되고, 마지막에 겨우 어떤 그룹에 들어가도 자신이 말하면 모두 시큰둥해질 때가 있습니다. 이렇게 그룹에 녹아들지 못해서 고민하는 사람이 꽤 많습니다.

어째서 나이가 들수록
그룹 활동이 어려워질까?

초등학교 저학년 때는 많은 아이들이 '다 같이 사이좋게 지내자'고 순수하게 생각하는 법이죠. 쉬는 시간에 누구와도 사이좋게 놉니다. 초등학교 고학년이 되면 '다 함께

사이좋게 지내기보다는 마음이 맞는 친구와 놀고 싶다'
고 생각이 바뀌어 갑니다.

사춘기의 친구 사귀기는 기본적으로 '좁고 깊어져' 갑니다.
소그룹을 만들거나 친한 상대와 농밀한 교제를 하게 됩
니다. 마음이 맞는 사람, 맞지 않는 사람의 차이에 예민해
지고, 사귀는 상대를 고르기도 합니다. 개중에는 사춘기
특유의 변화를 잘 알아차리지 못하는 사람도 있습니다.
이런 사람이 주변 친구와의 차이에 당황하는 것도 자연
스러운 거라고 생각합니다.

차이를 쉽게 알아차리는 사람이 있는가 하면 잘 모르는 사람도 있어

세상에는 그 자리의 분위기와 다른 행동을 했을 때 바로
눈치채는 사람이 있는가 하면, 좀처럼 알아차리지 못하
는 사람도 있습니다. '분위기 변화를 잘 알아채지 못한
다'고 하면 둔감한 듯한 인상을 줄지도 모르지만, 꼭 부정적
인 것은 아닙니다. 긍정적인 관점에서 보면 '남에게 휩쓸리
지 않는다', '확고하다'는 의미도 되니까요.

분위기를 신경 쓰지 않는 유형의 사람은 자주 그룹의 대화에

서 어긋납니다. 자기 이야기만 하고 상대방의 이야기를 듣지 않거나, 이야기에 이상한 딴지를 걸어서 대화를 멈추게 하는 경우가 흔합니다. 나에게도 그런 상황이 자주 일어난다고 생각하는 사람은 스스로 편하게 지내기 위해서 자신의 방식을 조정하는 편이 낫습니다.

잘 알아차리지 못하는 유형이라면 남의 힘을 빌리자

상담할 수 있는 상대가 있다면 조언을 구하는 것을 추천합니다. 상대는 어른이든 또래든 상관 없습니다. 스포츠

다른 사람의 힘을 빌리는 연습

부탁할 때는 이렇게 말하자

- 대화가 잘 안 될 때는 조언을 좀 해 달라고 할지도 몰라
- 내가 가끔 이야기를 못 따라갈 때가 있으니까 설명해 주면 진짜 고맙겠어
- 내가 너무 내 이야기만 할 때는 등을 톡톡 두드려 주면 좋겠어

도와줄 때는 이렇게 말하자

- 지금 이야기, 이해했어?
- 아까 이야기는 이런 식으로 말했으면 좋았을 것 같아
- 저 사람이 말하고 싶었던 건 ○○○이야

내가 바라는 도움은 어떤 건지, 어떻게 부탁하면 좋을지 연습해 보자

에서도 잘하는 사람에게 "아까 패스하면 좋았겠다."와 같은 조언을 받을 때가 있죠. 그것과 똑같습니다.

자신은 잘 알아채지 못하는 것을 주변 사람에게 배우면 됩니다. 그 자리의 분위기를 잘 알아채지 못하는 유형이라면 혼자서 분위기 파악을 하려고 하지 말고, 다른 사람의 힘을 빌리는 것도 하나의 방법입니다.

기억해!

그룹 활동은 점점 어려워지는 법이야.
남의 힘을 빌릴 수 있을 것 같으면 도와 달라고 부탁해도 좋아.

친구들 사이에서 갑자기 왕따가 되었어요

아무것도 안 했는데 따돌림을 당했다면

친구를 사귈 때는 참 이상하게도, 특별히 문제없이 잘 지내던 관계가 어느 날 갑자기 와르르 무너지기도 합니다. 예를 들면 사이좋은 친구 사이였는데 언젠가부터 갑자기 나만 제외되는 겁니다. 특히 사춘기에는 종종 일어나는 일입니다.

그런 일이 벌어지면 왕따를 당하는 쪽은 당연히 충격을 받습니다. '어째서?', '내가 뭘 잘못했지?' 하며 어쩔 줄 모릅니다. 짐작 가는 게 있다면 '내가 그때 나빴구나.'라고 깨닫지만 아무리 생각해도 이유를 모르는 때도 있습니다. 이유를 찾아냈지만 전혀 납득이 안 되는 경우도 있습니다.

따돌림당하는 이유를 찾아도 이해할 수 없을지도

친구를 사귀면서 어긋날 때는 상대방에게 이유를 들어도 해결되지 않는 부분이 있습니다. 왜냐하면 특별히 명확한 이유가 없는 경우도 많기 때문입니다. 사춘기의 친구 사귀기는 외모나 분위기만으로 결정되는 경우도 많습니다. 그건 '동물적인 감각'에 가까운 것으로, 논리적으로 설명할 수 있는 일이 아닙니다.

친구 사귀기가 순조롭지 않으면 '내가 뭘 잘못했지?' 하고 불안하기도 하겠죠. 그런데 서로 잘못한 일이 없어도 사이가 멀어질 수 있다는 것을 기억해 두세요. 친구가 토라진 이유를 짐작할 수 없을 때나 상대방이 말하는 이유를 납득할 수 없을 때 '내가 잘못한 게 아닐지도 몰라.' 하고 생각해도 괜찮습니다. 그리고 이 기회에 다른 친구와 사귀어 보겠다고 마음을 바꾸는 것도 좋습니다.

친구 사귀기의 여러 가지 요소

인간적인 느낌

· 대화 주제가 잘 맞는다
· 공통의 취미가 있다
· 같은 동아리다

동물적인 느낌

· 죽이 잘 맞는다
· 외모가 닮았다
· 분위기가 비슷하다

친구 사귀기는 흥, 외모, 분위기 등 '동물적인 느낌'에 좌우되기도 한다

친구 관계는 '운'으로 결정되기도 해

제2장에서는 친구 관계에 대한 고민과 함께 고민거리를 바라보는 방식, 대처법을 알아봤습니다. 그 가운데서 '친구 관계는 운으로 결정되는 면도 있다'는 사실에 대해 다시 한번 자세히 이야기하겠습니다.

어른들은 자주 아이들에게 "친구를 많이 만들어야 해.", "다 같이 사이좋게 지내야지."라고 말합니다. 하지만 친구는 많이 있을 때도 있지만, 그렇지 않을 때도 있습니다. 사람을 사귀는 데는 인연이 따르기 때문에 내 노력만으로 되는 게 아닙니다.

친구가 생기는가 안 생기는가 하는 문제는 생활의 결과이지 목표가 아닙니다. 그러니까 어른들의 이상을 좇아 '다 같이 사이좋게'라는 목표를 가지고 지내는 것은 그만둬도 괜찮습니다. 그것보다 먼저 '내가 즐겁게' 지내는 것을 중요하게 여깁시다.

기억해!

친구 관계는 의외로 '동물적인 감각'으로 멀어지기도 해.
이유를 찾아도 모를 때는 내 마음을 바꾸는 게 더 나아.

행운이 따르는 해가 있으면
몸조심해야 하는 해도 있어

학교생활을 하다 보면 마음이 맞는 친구가 많은 반에 들어갈 때도 있고, 친한 친구가 하나도 없는 반에 들어가게 되는 때도 있습니다. 신년 운세를 뽑았을 때 운수 대통이 나오는 해가 있는가 하면, 굉장히 안 좋은 운세가 나오는 해도 있죠. 그와 비슷합니다.

우리는 흔히 잘 안 풀리는 일이 있으면 '뭐가 잘못된 거지?' 하고 생각합니다. 그 결과 '내 탓'이라고 생각해 버리는 사람도 많을 것입니다. 그런데 친구 관계가 잘 풀리지 않는 문제는 여러분 탓이 아니고, 신년 운세처럼 내가 조절할 수 없는 것이기도 합니다.

운이 따르지 않을 때는
조바심 내지 않는 편이 낫다

이 장에서는 친한 친구를 만들려고 조바심 내지 말고, 여유로운 마음을 가지면 된다는 이야기를 했습니다.

운이 따르지 않을 때 조바심을 내어 친구를 만들려고 하면 너무 상대에게 맞추려고 무리하는 경우가 생깁니다.

관심 없는 화제에도 이야기를 맞춰 주거나 사실은 들어가고 싶지 않은 동아리에 들어가기도 합니다. 그런데 **무리해서 친구를 만들어도 결과적으로 별로 좋은 사이는 못 되는 경우**가 많습니다.

이야기하기 편한 상대나 함께 지내고 싶은 상대가 딱히 없을 때는 자신을 소중히 여기고, 당분간 혼자 있는 것도 하나의 방법입니다.

나답게 있으면 운도 따라와

내가 좋아하는 것이나 하고 싶은 것, 내 속도를 소중히 여기면서 주변 사람과 무리하지 않는 모습으로 교류해 나갑니다. 그런 날들을 보내고 있으면 우연한 계기로 누군가와 친해지기도 합니다.

예를 들어, 반 친구와 특별하지 않은 대화를 하다가 취미가 같다는 것을 알아채고 친한 친구가 되는 경우가 있죠. 아마 그 친구는 여러분이 좋아하는 것을 잘 이해할 겁니다. 그러면 서로가 애써 화제를 맞추려고 하지 않아도 즐거운 대화가 가능하지 않을까요?

빨리 친구를 만들려고 그다지 흥미도 없는 것에 몰두해

봐도 좋은 만남을 가지기는 쉽지 않습니다. 나와 안 맞는 유형의 사람과 무심코 친구가 되어 버리기보다 **나답게, 매일 즐겁게 지내다 보면 친구 운도 따라오지 않을까** 생각합니다.

기억해!
친구란 운이 좋으면 생기는 법.
좋은 친구 운을 잡는 비결은 나 자신을 소중히 여기는 것!

제3장

노력이란 뭘까?

연습해도 잘 안 되는 건
노력이 부족하기 때문?

체육 수업에서 잘 못하는 줄넘기 연습을 해야 할 때가 있습니다. 반에는 2단 뛰기를 할 줄 아는 아이도 많은데, 나는 그냥 줄넘기도 아직 5회 이상 못합니다. 방과 후에 혼자 연습해도 전혀 늘지 않고, 오히려 힘이 빠져 발에 걸리는 횟수가 늘어나기만 합니다.

그런 일이 있으면 '왜 나만'이라는 생각이 들죠. 연습이 부족하다거나 더 노력해야 한다며 자책하고 괴로워하는 사람도 있을지 모릅니다.

확실히 연습을 반복하다 보면 나아지는 경우도 있습니다. 그러나 열심히 노력해도 잘 안 되는 것들도 있습니다.

'노력하면 어떤 벽도 반드시 뛰어넘을 수 있다'는 말을 자주 듣지만 실제로는 꼭 그렇지 않습니다.

열심히 해도 안 될 때 그 사람의 노력이 부족한 것만은 아닙니다. 모든 사람에게는 잘하는 것과 못하는 것이 있으니까요. 뭐든 잘하는 사람은 없습니다. 사람마다 조금만 연습해도 몸에 익는 게 있는가 하면, 반복해 연습해도 몸에 잘 익지 않는 것도 있습니다.

잘 못하는 것을 제대로 마주하지 않으면 '회피하지 마.'나 '못났다.' 등의 말을 들을지 모릅니다. 단, 잘 못하는 걸 무리해서 계속하다가 잘하는 것마저 없어지는 경우가 있습니다. 그렇기 때문에 **잘 못하는 것을 극복하기보다는 잘하는 것을 발전시키는 방향으로 생각을 바꿔 봅시다.** 그러면 여러 노력을 하는 게 편해집니다. 어째서 잘하는 것을 발전시키는 것이 중요할까요? 그건 뒤에 '노력'과 관련된 다양한 고민을 소개하면서 설명해 나가도록 하겠습니다.

지각하거나 준비물을 잊어버릴 때가 많아서 자꾸 혼나요

조심하는데도 지각하거나
준비물을 잊어버린다면

'열심히 해도 안 된다'는 고민으로 자주 상담을 받는 내용이 지각이나 준비물 이야기입니다. 부모님이나 선생님에게 항상 주의를 받으니 조심하는데도 좀처럼 고칠 수 없다는 이야기를 자주 듣습니다.

아마 이 책을 읽고 있는 여러분 중에도 지각이나 준비물 문제가 도무지 해결이 안 되어 고민이라는 사람도 있을 겁니다.

지각하거나 준비물을 잊어버리는 걸 반복하는 사람은 부모님이나 선생님에게 몇 번이고 혼나는 경우가 많습니다. 그런 사람은 **도저히 고쳐지지 않는 자신의 약점을 반복해서 지적당하기 때문에 자기 부정적으로 되기 쉽습니다.** 나는 '안 되는 녀석'이라고 생각해 버리는 거죠.

지각하지 않았을 때, 준비물을 잊어버리지
않았을 때를 떠올려 보자

그런데, 나는 정말로 '안 되는 녀석'일까요? 저는 그런 사람을 만나면 "당신은 주로 어떤 일에 지각하나요?",

"스마트폰이나 지갑처럼 중요한 것도 전부 잊어버리나요?"라고 물어봅니다.

그러면 대체로 "동아리 활동에는 제대로 나가요.", "스마트폰은 잘 챙겨요." 등의 대답이 돌아옵니다. 지각하지 않고 제 시간을 맞추는 일도 있고, 잊어버리지 않고 가져가는 물건도 있습니다. 더 들어 보면 **지각도 안 하고, 준비물도 안 잊어버리는 날도 있다**는 것을 알게 됩니다.

그 말은 즉 하면 된다는 겁니다. '몇 번을 들어도 안 된다.'라든가 '나는 안 돼.'라고 생각할 필요가 없습니다.

하면 되는 유형은 '항상 완벽'한 것을 목표로 하지 말자

니는 항상 안 되는 사람이 아니고 완벽하지 않아도 하면 되는 사람입니다. '나는 안 돼.'라는 생각이 나를 삼켜 버리기 전에 먼저 그 사실을 받아들입시다. 단, 그렇다고 **'하면 된다면 매일매일 노력해 보자'고 욕심을 내지 않는 게 중요합니다.**

'하면 되는' 유형의 사람 중에는 실전에 강한 사람이 많습니다. '지금!'이라고 할 때는 집중해서 실력을 발휘하지만 계속 집중하는 건 잘 못합니다. 그런 사람은 내내 긴장하다가 실전을 앞두고 지쳐 버려, 중요한 상황에서 진짜 실력을 발휘하지 못하기도 합니다.

예를 들면 매일 지각이나 사소한 실패만 신경 쓰다가 자신감을 잃게 되는 거죠. 그 결과 좋아하던 동아리 활동도 즐기지 못하게 된다면 정말 아쉬운 일이 될 겁니다. 만약 자신이 '실전에 강한 유형'이라고 느낀다면 어느 정도 당당한 태도로 약간의 실수는 마음 쓰지 않는 게 좋겠습니다. 혹시 자신은 당당한 태도로 바꿨는데, 주변 사람들이 뭐라고 하는 상황이라면 다음 고민 9의 내용을 참고해 주세요.

내 장점을 살리기 위해 지각이나 잊어버린 준비물에 대해서는 어느 정도 눈을 감겠다, 이것저것 다 할 수 있는 완벽한 자신을 목표로 하지 않겠다, 그렇게 의식을 전환해 보면 스트레스가 줄고 지각이나 잊어버리는 준비물이 더 이상 늘지 않으며 마음이 편해질 수도 있습니다.

'갑자기 태도를 바꾸는 건 어렵다'는 생각이 든다면 다음 페이지의 표를 힌트 삼아 보세요. **장점과 단점은 동전의 양면입니다.** 자신의 특징을 긍정적으로 받아들이는 사고방식을 익힙시다.

자신의 특징을 단점이 아닌 장점으로 받아들이자

단점(부정적인 관점)		장점(긍정적인 관점)
평소 맥이 빠져 있다	➡	실전에 강하다
산만하다	➡	행동력이 있다
남의 말을 잘 안 듣는다	➡	의견이 확고하다
이야기가 이랬다저랬다 한다	➡	발상이 풍부하다
대충이다	➡	서글서글하다
속도가 느리다	➡	침착하다
나서기를 좋아한다	➡	책임감이 강하다
고집이 세다	➡	신념이 있다

받아들이는 방식만 바꿔도 스스로 자신감이 생길 수 있다

기억해!

'지각하거나 준비물을 다소 잊어버려도
중요한 때 힘을 발휘할 수 있다면 괜찮아!' 하고 태도를 바꿔 봐.

정리 좀 하라는 말을 자주 들어요

정리를 잘 못해서
항상 책상이 어질러져 있다면

'정리'와 관련된 상담도 많습니다. 집에서도 학교에서도 자기 책상 주변 정리를 잘 못한다, 어른들에게 몇 번이나 주의를 받고 스스로도 정리하려고 생각하지만 좀처럼 나아지지 않는다는 고민입니다.

정리를 잘 못하는 사람이라고 전혀 정리를 안 하는가 하면 그건 아닙니다. 가끔은 마음먹고 도구들을 치우고, 모두 깨끗하게 정리 정돈할 때도 있습니다. 그런데 열심히 정리를 해도 잠시만 지나면 어지르고 맙니다.

정리된 상태를 유지하는 것이 어려운 겁니다. 그런 유형의 사람은 어떻게 정리 정돈을 몸에 익히면 좋을까요?

정리하는 법을 배웠다면
한 번은 시도해 보는 것도 좋아

정리를 잘 못해서 곤란해하면 주위 사람들에게 이런저런 조언을 들을 겁니다. "매일 정리하면 어질러지지 않아.", "사용한 건 제자리에 돌려놓으렴." 같은 비결들이죠. 자기 나름의 정리법을 찾는 경우도 있으니 조언을 들었다면 한 번은 시험 삼아 해 보는 것도 좋다고 생각합니다.

그런데 들은 대로 해도 잘 안 된다면 그건 나랑 안 맞는 거라고 생각합시다.

정리법에 정답은 없습니다. **누군가에게는 딱 맞는 방법이 나에게는 안 맞을 수 있습니다.** '좋은 방법을 배웠지만 나는 잘 못하겠다'는 생각이 들면 내 노력 부족으로 여길 수도 있지만, 반드시 그런 건 아닙니다.

서툰 걸 극복하려고 하지 말고 다른 방법을 찾아봐

사람은 대부분 잘 못하는 게 있으면 좋은 방법을 찾아서 극복하려고 생각합니다. 그런데 '잘 못하는 것'을 '잘하는 것'으로 만드는 건 정말 어려운 일입니다.

서툰 것은 여러 번 해 봤지만 제대로 할 수 없었기 때문에 잘 못하는 것입니다. **애써서 극복하는 것보다 다른 방법이 있는 경우가 많습니다.**

정리를 잘 못하는 사람에게는 지금까지와는 다른 방법을 찾는 것을 추천합니다. 가방이나 외투 등의 물건을 매일 제자리에 돌려놓는 걸 잘 못한다면, 소지품을 전부 모아서 커다란 상자에 넣어 보면 어떨까요? 그러면 학교에서 돌아와 소지품을 그대로 상자에 넣기만 하면 됩니다. 아무리 정리를 잘 못하는 사람이라도 소지품을 치울 수 있게 될지도 모릅니다.

'자신의 방식'으로 다른 사람에게 방해되지 않는 정도로 정리한다면

남들이 알려 준 방식을 시험 삼아 해 보고, 잘 안 되었다면 '자기 나름의 방식'을 찾으면 됩니다. 그것이 나다움을 소중히 여기는 비결입니다.

정리라는 측면에서 이야기하자면 '소지품은 커다란 상자에 정리'하는 방법도 괜찮습니다. 대충 정리하다 보면 다소 어지럽겠죠. 그래도 **뭐가 어디에 있는지 내가 알고 있다면 큰 문제는 없습니다.** 너무 어질러져 있어 근처에 있는 사람의 공간을 침범하면 문제지만, 그런 게 아니라면 괜찮습니다. 예를 들어, 학교에서 자신의 책상이 어질러져 있어도 친구의 책상까지 침범하지 않으면 괜찮습니다. 앞의 만화에서도 가방 속이 어지럽다고 해서 누군가에게 피해를 주는 것이 아니니 괜찮다고 생각합시다.

'자기 나름의 방식'을 찾아서 '사회의 규범'에 크게 벗어나지 않는 형태로 습득해 나가겠다고 생각한다면, 정리를 잘 못해도 크게 괴로워하지 않고 나답게 해 나갈 수 있을 겁니다.

기억해!

'자기 나름의 방식'으로 큰 상자에 모아서 정리해도 좋아.

방학 숙제를
항상 못 끝내요

매년 방학이 끝날 때
고생하는 걸 반복한다면

여러분은 매년 방학 숙제를 어떻게 하고 있나요?

1. 방학이 시작되면 쭉쭉 해 버려서 빨리 끝낸다.
2. 처음에 계획을 세우고 매일 꾸준히 하려고 한다.
3. '해야지.' 생각하면서도 결국 마지막에 몰아서 한다.

저는 아이들에게 이 질문을 자주 하는데 3번이라고 대답하는 사람이 많습니다.
아이들은 "힘들었어요.", "내년에는 빨리 할래요."라고 말하지만 다음 해에 똑같은 일을 반복합니다. 습관을 고치는 것은 쉬운 일이 아니죠.

이러니저러니 해도 제출일은 맞추고 있다

방학 숙제로 고생한 아이는 자주 "숙제를 못 끝냈어요."라고 말합니다. 하지만 이야기를 잘 들어보면 실제로는 끝낸 경우도 있습니다.
마지막에 부모님까지 끌어들여 난리를 치고 혼나기도 했

지만, 결과적으로는 제출을 했다면 여러 노력을 해서 '끝냈다'는 이야기입니다.

과정이야 어쨌건 마지막에 숙제를 제출했다면 특별히 문제는 아니라고 생각해도 됩니다. 빨리 끝내도, 계획적으로 꾸준히 해 나가도, 마지막에 몰아서 해도 결과는 같습니다. '숙제를 못 끝냈다'고 기죽어 있는 아이가 있다면 저는 그렇게 말해 주고 있습니다.

방학 숙제를 통해 내 유형을 알자

내가 시작부터 전력 질주해서 빠져나가는 '속공 유형'인지, 꾸준히 해 나가는 '계획 유형'인지, 제출일 직전에 자신을 몰아넣는 '아슬아슬 유형'인지, 방학 숙제를 통해 쉽게 알 수 있습니다.

아슬아슬 유형의 사람은 급박한 상황에서 강하다고 합니다. 그런 사람은 아마 사회에 나갔을 때도 일을 미루어 버리는 경우가 있을 겁니다. 내키지 않는 일에는 좀처럼 손을 안 대는 것이 고민일지도 모릅니다.

다만 모든 일을 방학 숙제처럼 기일에 맞출 수 있으면 됩니다. 다른 사람들은 일을 계획적으로 해 나갈지도 모르지만, 반드시 그 방식에 맞출 필요는 없습니다.

아슬아슬 유형은
부모나 친구에게 기대는 것도 괜찮아

실은 저도 아슬아슬 유형의 사람입니다. 일을 떠안고 있
어도 일정에 여유가 있다면 거들떠보지도 않습니다. '며
칠에 시작하면 되겠군.' 하고 머릿속으로 대충 짐작하고,
그 시기부터 일을 시작합니다.

예상보다 더 걸려서 고생하는 경우도 있고, 때로는 많은
사람의 도움을 받기도 합니다. 아슬아슬 유형의 사람은
숙제를 할 때 부모님의 도움을 받기도 할 겁니다. 이때,
다른 사람의 도움을 잘 받는 것도 아주 중요한 기술 중 하나
입니다.

방학 숙제를 통해 나만의 방식을 몸에 익힌다면, 어른이
되어서도 틀림없이 그 방식으로 세상을 헤쳐 나갈 수 있
을 것입니다.

방학 숙제 하는 법
나는 어떤 유형?

속공 유형

· 방학이 시작되면 시작부터 전력 질주해서 빨리 끝낸다

· 너무 서두르다가 버티지 못할 때도 있다

· 브레이크 거는 방법도 알아 두자!

계획 유형

· 계획을 세우고 꾸준히 해 나간다

· 계획이 틀어지면 쉽게 동요한다

· 계획을 조정하는 것도 몸에 익혀 두자!

아슬아슬 유형

· 방학이 끝나 갈 때쯤 움직이기 시작해서 막판 스퍼트를 올린다

· 아슬아슬해서 제때 다 못할 때도 있다

· 다른 사람에게 기대는 것도 고려하자!

자기 유형을 알면 신경 써야 할 부분도 잘 보인다

기억해!

어른 중에도 아슬아슬 유형은 있어.
세상을 살아가는 방법은 저마다 달라.

다른 사람의 이야기를 제대로 듣지 못해요

부모님 말씀이나 선생님 수업에
집중하지 못한다면

부모님이나 선생님에게 '남의 이야기를 안 듣는다'고 자주 혼나는 사람이 있습니다. 수업 중에 한눈을 팔거나 딴생각을 해서 주의를 받는 상황이 친구들보다 많고, 선생님이 '남의 이야기 잘 듣기'를 생활 목표로 정해 주기도 하죠.

본인은 나름 '이야기를 잘 들어야지!' 생각하고 노력할 때도 있지만, 역시 선생님의 지시를 흘려들을 때가 많아서 문제가 되기도 합니다. 결국 '노력 부족'이라는 말을 듣습니다.

여러분은 부모님 말씀을 건성으로 듣거나, 선생님 수업에 집중할 수 없어 무슨 내용인지 몰랐던 적은 없었나요?

내용을 알고 있으니까
지루해서 산만해진다는 사람도 있어

남의 이야기를 잘 못 듣는 사람 중에는 진지하게 들으려고 노력해도 잘 되지 않고 장난을 치게 된다는 사람도 있습니다. 그럴 때 어른에게 '제대로 듣자'고 주의를 받고 적절한 태도를 배워 상황을 개선하는 경우도 물론 있습니다.

한편, 이야기를 잘 듣겠다고 다짐해도 끝까지 집중할 수 없는 사람도 있습니다. 예를 들면 교과서의 내용을 먼저 전부 읽어 버린 경우입니다. 이미 수업 내용을 알고 있으니 선생님의 이야기가 지루해서 운동장을 볼 때도 생깁니다. 그런 경우 수업 중 이야기를 조금 흘려들어도 학습에는 지장이 없습니다. 집중해서 잘 못 듣기 때문에 문제가 생긴다기보다, 미리 공부를 했기 때문에 듣지 않아도 내용을 안다는 이야기죠.

이렇게 말하면 선생님들이 저를 나무랄지도 모르지만, 선생님의 이야기가 교과서 내용보다 흥미롭다면 교과서를 먼저 읽은 사람도 들을 게 분명합니다. 듣는 사람이 지루해하고 있다는 것은 이야기가 지루하다는 것입니다. **수업 시간에 집중해서 못 듣는 때도 있지만 공부는 제대로 하고 있다면, 저는 그걸로도 괜찮다고 생각합니다.** 그래도 선생님 말을 듣는 게 중요하다고 생각하는 사람이 있다면 남은 건 선생님이 노력하는 것뿐입니다.

딴생각이 자꾸 떠올라
집중할 수 없는 사람도 있어

다른 생각이 자꾸 떠올라 하나의 이야기에 집중하지 못하는 사람도 있습니다. 이 경우는 다른 방식으로 받아들일 필요가 있습니다.

예를 들면 수업에서 동물 이야기가 나오면 최근에 본 동물 동영상이 떠올라 수업과는 상관 없는 것을 생각하기 시작합니다. 처음에는 수업을 듣고 있었지만 의식이 점점 수업에서 멀어집니다. 부모님의 이야기를 듣고 있는 도중에도 다른 것을 생각해 버리고 맙니다.

이런 유형의 경우, 이야기 내용을 이해하기 전에 이미 다른 것을 생각하기 때문에 뭔가 대책을 마련하는 게 좋겠습니다. 예를 들어 집중력이 떨어졌을 때 **부모님이나 선생님, 반 친구가 한마디를 걸어 주면 생각이 원래 이야기로 돌아올 수도** 있습니다. 주변 사람들에게 그런 부탁을 할 수 있다면 해 보는 것도 좋습니다.

이야기를 흘려듣는 일이 많은 사람은 스스로 자주 되묻거나 중요한 이야기를 기록하고, 또는 누군가의 기록을 받는 것을 시도해 봐도 좋습니다.

많은 사람들 속에서 집중하는 게 아무래도 힘든 사람은

학교와 상의해서 배려나 지원을 받을 수 있습니다. 배려나 지원에 관해서는 제4장에서 설명하고 있으니 읽어 보기를 바랍니다.

왜 남의 이야기에 집중하지 못할까?

기억해!
'듣고 있는가, 아닌가?'뿐만 아니라
'이해하고 있는가, 어떤가?'도 포함해 생각해야 해.

남들처럼
동아리 활동을
열심히
못 하겠어요

힘든 연습을 버텨 왔지만
나만 실력이 늘지 않는다면

학교생활에서는 수업이나 숙제가 고민거리가 되는 경우가 많지만, 그 외에도 동아리 활동에 대한 상담을 요청해 오는 경우가 있습니다.

예를 들면 동아리 활동의 힘든 연습을 버텨 왔지만 좀처럼 잘되지 않는다, 남들은 좋은 기록을 내고 있는데 나는 실력이 늘지 않는다, 나는 재능이 없는 걸까, 아니면 고통스럽더라도 노력해서 극복하면 뭔가 얻을 수 있을까, 하는 등의 고민으로 헤매면서 괴로워합니다.

'내 노력에는 의미가 있는 걸까? 아니면 안 맞는 동아리 활동을 선택해서 헛수고를 하고 있는 걸까?' 생각할 수 있지요. 좋은 결과가 나오면 '노력한 보람이 있다'고 여길 수 있지만 **계속 노력해도 결실을 맺지 못하다 보면 갈피를 못 잡을 수밖에 없습니다.**

결과가 나올 때까지 노력할 것인가
결과와 상관없이 노력할 것인가

어떤 일을 끝까지 해내 성과를 이룬 사람이 인터뷰에서

"고통스러운 시련을 극복하고 꿈을 이룰 수 있었습니다."라고 말하는 것을 볼 때가 있습니다. 계속된 연습 끝에 우승한 스포츠 선수나 연구의 성과를 세계적으로 인정받은 학자 등 여러 사람들이 '포기하지 않는 것'의 중요성을 이야기합니다. 그런 이야기를 듣고 있으면 역시 '좋은 결과를 내기까지 열심히 하는 것'이 중요하다고 느낄지도 모르겠습니다.

그런데 한편으로는 '졌지만 잘 싸웠다'고 말하는 사람도 분명 있습니다. 일본 고교 야구는 지역 예선에 3000개 이상의 팀이 참가하는데, 결국 승리하는 팀은 단 한 팀입니다. 그런데도 다들 도전해서 지더라도 '좋은 추억이 되었다'고 말합니다. 노력하는 것만으로도 의미가 있다는 말일까요?

'포기하기'와 '참기' 조합으로 생각을 정리하기

동아리 활동은 어디까지 노력해야 결과와 상관없이 후회하지 않을까요? 고민해도 답은 안 나올지 모릅니다. 어려운 문제이지만 제 의견을 말씀드립니다. 저는 무언가를 노력할지 말지 고민될 때는 '포기한다'와 '참는다'의 조합으로 생각을 정리합니다.

1. 포기하지 않고, 참는다

많은 사람이 좋아하는 것을 위해서라면 괴로운 일이 있어도 포기하지 않고 참습니다. 이것은 나쁜 게 아닙니다. 이 경우 **좋은 결과를 얻지 못해도 좋아하는 것을 할 수 있었기 때문에 '좋은 추억'이 되었다고 생각할 수 있겠죠.**

2. 포기하고, 참는다

싫어하는 것, 하고 싶지 않은 것을 계속해야만 할 때 도망가고 싶어도 포기하고 참는 사람이 있습니다. 예를 들어, 처음에는 재미있던 학원이 점점 스트레스가 됩니다. 그래도 1년은 다니겠다고 약속했기 때문에 포기하고 참습니다. 이 경우 **시간을 들여 연습해도 좋은 결과는 안 나오고, 또 '좋은 추억'도 될 수 없을지 모릅니다.**

두 상황 모두 활동이나 연습을 계속한다는 점에서는 같습니다. 노력해도 좋은 결과가 안 나올지도 모른다는 것도 공통점입니다. 그런데 기분은 전혀 다릅니다. '좋아하

니까' 하는 노력과 '어쩔 수 없이' 하는 노력은 그 의미가
완전히 다르기 때문입니다.

자신이 지금 노력하고 있는 것이 포기하지 않고 열심히
하고 싶은 것인지, 아니면 흘러가는 대로 어쩔 수 없이 애
쓰고 있는 것인지, 만약 그 중간의 경우라면 어느 쪽에 더
가까운지 잘 생각해 보기를 바랍니다.

마지막은 '좋아하는지 아닌지' 직감으로 판단하자

사람은 좋아하는 것, 하고 싶은 것을 위해서라면 별로 힘
들지 않게 노력할 수 있는 법입니다. 노력한 결과 벽을 뛰
어넘을 수 있을지 어떨지는 모릅니다.

그래도 **하고 싶어서 한 일이라면 결과가 어떻든 깊이 후회하
는 일은 없을 겁니다.** 그러니까 시합에서 져도 '좋은 추억'
이라고 말할 수 있는 사람이 존재하는 거죠.

동아리 활동을 앞으로도 열심히 할지, 포기할지 고민될
때는 내가 '좋아하는지 아닌지' 기준으로 판단할 수밖에
없습니다. 그건 남들에게 물어도 모르는 문제입니다. 내
마음속에서 '좋아한다'는 소리를 확인하는 수밖에 없습

니다. 결국에는 직감입니다.

좋아해서 시작했는데 지금은 열정이 식었다면 과감하게 그만두고 관심을 가질 만한 다른 것을 찾는 편이 나을지도 모릅니다. 동아리 활동도 학원도 취미 활동도 마찬가지입니다. 하기 싫은 걸 참고 계속하다 보면, 마음의 상태가 나빠집니다. 아무리 약속이라고 해도 싫어하는 것을 무리해서 계속한다면 문제가 생길 수 있습니다. 예를 들어 운동 자체가 싫어져서 다른 운동까지 관심을 가지지 않게 될 수 있습니다.

'극복하는 것', '끝까지 해내는 것'을 기준으로 삼을 게 아니라 '내가 좋아하는지'를 판단해서 노력할 것을 권합니다. 좋아하는 것이라면 분명 계속 노력할 수 있습니다. 그리고 좋은 결과가 안 나와도 '헛수고였다'고는 생각하지 않겠죠. 최후에는 자신의 직감을 믿고, 결단을 내리기를 바랍니다.

좋아하는 것과 싫어하는 것을 알 수 있는 체크 리스트

좋아하는 것 · 하고 싶은 것

- [ ] 자연스럽게 노력할 수 있다
- [ ] 힘든 연습이 있어도 포기하지 않고 참을 수 있다
- [ ] 계속해도 괴롭게 느껴지지는 않는다
- [ ] 결과가 어떻든 괜찮고, '좋은 추억'이라고 생각할 수 있다

싫어하는 것 · 하고 싶지 않은 것

- [ ] 무리하면 노력할 수 있다
- [ ] 연습이 힘들지만 포기하고 참고 있다
- [ ] 계속하면 괴롭게 느껴진다
- [ ] '좋은 추억'이라고 생각할 수 있을지는 결과에 달려 있다

계속할지 말지 망설여진다면 자신의 솔직한 마음을 알아보자!

기억해!

목표나 결과를 좇기보다는 '좋아하는지 어떤지' 직감으로
판단하는 편이 좋아.

나에 대한
자신감이
없어요

열심히 공부하고 있지만
반 친구들이 알아주지 않는다면

학교에서는 공부를 잘하는 사람보다 운동을 잘하거나 이야기를 재미있게 하는 사람이 인기가 더 많습니다. 그런 환경에서 내 좋은 점을 친구들이 몰라주면 자신감이 없어져 답답한 일도 있을 겁니다.

공부를 잘해서 모든 과목의 시험 점수가 좋지만, 공부 이외의 것은 좀처럼 자신이 없는 경우도 자주 봅니다. 정말 열심히 공부하고, 수업 시간에도 적극적으로 발표를 하지만, 칭찬해 주는 사람은 선생님뿐이고 반 친구들은 별로 알아주지 않는 듯한 느낌이 듭니다.

자신도 열심히 하고 있는데 운동을 잘하는 애들만 띄워 주고, 불공평하다고 생각한다는 고민을 들을 때가 있습니다.

무리해서 애쓰다가 자신감을 잃기도

공부를 잘하는 사람 중에는 '공부만으로는 안 되는구나.'라는 생각에 잘하지 못하는 것에 손을 대는 사람도 있습니다. 사실은 운동을 잘 못하는데 주변 사람들에게 좋은 모습을 보여 주려고 운동 동아리에 들어가기도 합니다. 동아리 활동에서 약점을 극복하거나 남들에게 인정받으려고 하죠.

그런데 그런 식으로 해서는 잘 안 되는 경우가 더 많습니다. 좋아서 시작한 게 아니기 때문에 연습을 따라가지 못하는 거죠. 연습해도 잘하게 되진 못하고, **자신의 능력이 부족함을 뼈저리게 느끼게 되어 오히려 자신감을 잃기 쉽습니다.** 실패하고 부끄러움을 느끼기도 하고, 흔히 말하는 '흑역사'로 남기도 합니다.

약점을 극복하기보다 잘하는 것에 주력하자

지금까지도 이야기했지만 잘 못하는 일을 극복하는 것은 힘듭니다. 그보다 잘하는 것을 발전시키는 것이 스트레스도 적어지고 자신의 개성을 더 눈에 띄게 하는 방법입니다.

좋아하는 것, 잘하는 것을 하고 있으면 같은 분야에 관심을 가진 사람과 만날 기회도 많아집니다. **남들이 나를 추켜세워 주는 것보다 내가 즐겁게 활동할 수 있는 일을 소중히 여기는 것**이 결과적으로 내 운이 더 좋아지는 길입니다.

여러분에게도 연예인에게도
각자의 '노력'이 있어

이 장에서는 노력에도 여러 측면이 있다고 이야기했습니다. 마지막으로 노력이란 무엇인지 이야기를 해 보겠습니다. 세상에 노력하지 않는 사람은 없습니다. 그저 놀기만 하는 것 같은 사람들도 전력으로 놀기 위해 노력하고 있습니다.

텔레비전이나 동영상으로 연예인이나 유튜버가 놀고 있는 모습을 자주 봅니다. '놀면서 돈을 벌다니, 좋겠다!'라고 생각할지 모르지만, 그 사람들은 남들보다 잘 놀기 때문에 돈을 벌 수 있는 겁니다. 일반인들은 그렇게 잘 못 놀거든요. 그 사람들은 신나게 놀고, 모두를 즐겁게 만들수 있기 때문에 그 분야에서 살아남은 겁니다. **고통스러운 연습을 견디고 열심히 하는 것만이 노력은 아닙니다.** 사람에 따라서는 열심히 노는 것도 노력인 것입니다. 여러분도 부디, 나다운 노력을 찾기를 바랍니다.

'노력이 부족하다'는 말을 들었다면
잠시 멈춰서 생각하자

사람들은 흔히 '아직 노력이 부족하다'고 말합니다. 하지만 이 장에서 계속 말했듯이, 실제로는 노력이 부족하다기보다 '자신에게 안 맞는 방식'이었을 수 있습니다. 나름 열심히 하고 있는데 잘 안 되거나, 누군가에게 '노력 부족'이라는 말을 들었다면 잠깐 멈춰서 생각해 봅시다. 노력이 부족한 게 아니라 어딘가 나와 안 맞는 부분이 있을지도 모릅니다.

이 장의 시작에서도 말했지만 사람은 저마다 잘하는 것, 못하는 것이 있기 때문에 노력하면 실력이 느는 것과 노력해도 실력이 늘지 않는 것이 있습니다. 또한 좋아하는 일은 잘 안 되더라도 노력할 수 있는 반면, 싫어하는 일은 결과와 관계 없이 계속하는 것이 고통스럽기도 합니다. 잘되지 않는다고 전부 '노력 부족'이라고 생각할 필요는 없습니다.

좋아하니까, 즐거우니까 오래 노력할 수 있어

저는 노력이란 좋아하는 것이나 잘하는 것에 대한 목표가 있을 때 하는 것이라고 생각합니다. 사람은 흥미 있는 일에는 누가 뭐라고 하지 않아도 노력하는 법입니다. **더 알고 싶어서, 더 즐기고 싶어서 스스로 움직이려고 합니다.** 그것이 노력입니다.

하고 싶어서 하는 거니까 다소 괴로운 일이 있어도 '포기하지 않고 참을 수 있다'고 여기는 건전한 노력은 길게 이어집니다. 좋아하니까 더 하고 싶다거나 내일도 어서 즐기고 싶은 것을 여러분도 찾기를 바랍니다.

'공격적인 자세'로 잘 못하는 건 버려 버리자

'잘 못하는 것을 노력할 게 아니라 잘하는 것을 노력하는 편이 낫다'는 소리를 들으면 그런 '도망가는 자세'는 싫다고 생각하는 사람도 있을지 모릅니다. 그러나 저는 그것이 오히려 '공격적인 자세'라고 생각합니다.

"다들 노력하고 있으니까."라고 말하며 잘 못하는 것을 애써 하려고 하는 것은 수동적인 자세입니다. 그렇게 머물지 않고 '이건 나한테 안 맞아. 좋아하고 잘하는 다른 것을 하고 싶어.'라고 선택할 수 있습니다. 그것은 나다운 활동을 적극적으로 고른 것입니다. 잘 못하는 것을 버리는 것은 앞으로 나아가기 위해 내딛는 한 걸음입니다. 뛰어넘어야 할 벽으로부터 도망가는 게 아니라 자기의 길을 당당히 결정하는 것입니다.

자기 유형을 찾아서 좋아하는 것이나 잘하는 것을 더 중요시하고, 무리하지 않는 선에서 노력하고, 힘을 키워 나가야겠다는 생각을 갖기를 바랍니다. 이 책을 읽는 것도 자신을 알기 위한 노력입니다. 여러분은 벌써 자신의 길로 나아가기 시작했습니다. 이런 흐름으로 나다움을 소중히 여겨 나갑시다.

기억해!
노력이란 고통스러운 시련을 견디는 것만이 아니야.
나다운 노력 방식을 찾아 나가자!

제4장

보통이란　뭘까?

친구들의 분위기에 맞추지 못하고
'정답'을 모르겠을 때

초등학생에서 중학생, 고등학생으로 학년이 올라갈수록 생활은 크게 달라집니다. 공부 방법이나 결과, 동아리 활동에서의 활약, 친구 관계 등 여러 가지가 변화하는 법입니다. 어느 시기부터는 자신의 방식으로는 잘 안 풀리는 일도 생깁니다.

예를 들면 **초등학교 저학년 때는 다 같이 사이좋게 잘 지냈는데, 점점 '친구들의 분위기와 안 맞는 일'이 늘어날 수 있습니다.** 몇몇이 모여 공부나 동아리 활동 등의 이야기를 하는데, 유독 내 생각을 말할 때만 친구들이 "헐?" 하고 빡빡하게 굴어 지적당하는 기분이 듭니다. "보통 그런 건 안 하지 않냐?", "너 좀 이상해." 등의 말을 들으니 더는 말을 꺼낼 수 없게 되기도 합니다. 그다음부터는 말하려고 할 때마다 몸이 움찔거립니다….

공부든 운동이든 대화든 지금까지 문제없이 할 수 있었던 일이 갑자기 어려워지게 되면서 무슨 말을 해도, 무슨 일을 해도 부정당하는 기분이 듭니다. 그렇게 혼자서 고민을 품게 되는 사람도 있을 겁니다.

자신이 보통이 아니라고 생각될 때는 어떻게 하면 좋을까요? 모두에게 맞추는 방법을 배우는 게 좋을까요? 아니면 주변 사람들에게 이상하다는 말을 듣더라도 자신의 생각을 밀고 나가는 것이 좋을까요? 어려운 문제이지만 저는 **'보통'이라는 기준에 신경 쓰지 않아도 좋다**고 생각합니다.

왜 '보통'이라는 기준에 신경 쓰지 않아도 좋을까요? 그러기 위해서는 어떤 궁리를 하면 좋을까요? 이 장에서 함께 생각해 봅시다.

'보통은 이렇지'
라는 말을
자주 들어요

'보통은 이렇지'라는 말을 들으면 어떻게 해야 할까

나는 평범하다고 생각하는데 친구에게 "넌 좀 이상해.", "보통은 이렇지." 같은 말을 들으면 여러분은 어떻게 하나요? 예를 들어 앞의 만화처럼 몇 명의 친구가 "이거 귀엽지 않니?"라고 말하며 즐거운 분위기일 때 섞이지 못하고 내가 분위기를 깨 버렸다면? 생각한 것을 솔직하게 말했을 뿐인데 분위기가 나빠져 버렸다면? 그럴 때 여러분은 무슨 생각이 드나요?

친구들과 사이좋게 지내기 위해 '솔직히 귀엽다는 생각은 안 든다'고 느끼더라도 친구들의 이야기나 분위기에 맞출 수 있나요? 아니면 무리해서 맞추지 않고 그 아이들과 조금 거리를 두려고 하나요?

상대에게 맞추는 게 서툴러서 태도에 나타나 버린다면

학교생활에서는 다른 사람의 이야기나 분위기에 맞추려고 하는 사람이 많을지 모릅니다. 학교는 집단행동을 하는 상황이 많아서, 모두에게 맞추는 편이 무난한 때도 있습니다.

어떤 그룹에 속해도 그 자리의 분위기에 맞춰 요령 있게 행동하는 사람도 분명 있습니다. 그런 사람은 상대방에게 맞춰 처세하는 것에 그다지 스트레스를 느끼지 않을지 모릅니다.

한편, 분위기를 잘 맞추지 못하는 사람도 있습니다. 다들 "귀여워."라고 말해도 혼자 동의할 수가 없는 겁니다. 속으로 '그렇진 않은데.'라고 생각하고 있으면 속마음이 태도나 말에 나타나 버리는 유형입니다. 그런 사람은 **무리해서 친구들과 교류하지 말고 거리를 두는 것도 하나의 방법**입니다.

'보통' 사람이 되어야 무난한 걸까?

친구들과의 모임에서는 무엇을 귀엽다고 생각하는지, 다들 어떤 패션을 좋아하는지, 어떤 흐름으로 무슨 이야기를 하는지 등의 다양한 기준이 있습니다. 그것이 일반적인 '보통'으로 여겨집니다.

다만, 그 '보통'은 좁은 인간관계 속에서의 평가에 지나지 않습니다. 다른 집단에서는 전혀 다른 기준이 '보통'

이라고 여겨지는 경우도 있습니다.

집단에 따라 '보통'의 기준이 다르다면, 맞지 않는 사람이 있는 것도 당연한 법입니다. 자신이 속해 있는 모임의 '보통'에 맞추는 것이 어렵다고 느껴진다면, 자신에게 맞을 듯한 기준을 가진 다른 모임을 찾는 것도 괜찮습니다.

'다른 보통'에 시선을 돌려 보면

그렇다고 해도 대부분의 시간을 학교에서 보내는 시기에 갑자기 '친구와 거리를 두자'고 생각하는 것은 어려운 일입니다. 그런 사람이라면 지금의 인간관계를 유지하면서 내 생활 범위 안에서 '다른 커뮤니티'를 찾아봅시다. 예를 들어 학교 동아리 활동이나 학생회 등 다양한 집단을 경험해 보면, 그중에서 마음 편한 모임을 찾게 될지도 모릅니다. 이미 동아리 활동을 하고 있는데 동아리의 분위기에 맞추는 게 서툴다면, 동아리 활동이 끝난 뒤 잡담에는 끼지 말고 서둘러 집에 가면 됩니다. 그러면서 다른 동아리 활동을 동시에 해 본 다음 아예 옮기는 것도 생각해 볼 수 있겠습니다.

학교 안에서의 관계만 고집하지 말고 지역의 취미 모임

등에 참가해 보는 것도 추천합니다. 또래보다 같은 지역의 선배나 후배와 사귀는 게 더 잘 맞는다는 사람도 있습니다.

가능한 범위에서 '다른 보통'에도 시선을 돌려 보면, 여러분의 세계가 조금씩 넓어져 마음이 한결 편해지는 모임을 찾을 수 있을 것입니다.

다양한 커뮤니티로 시선을 돌리자

교실

친구

지역 모임

학원

동아리

학생회

커뮤니티마다 '보통'은 다르니 자신에게 맞는 모임을 찾자

기억해!

'보통'의 기준은 모임에 따라 달라져.
평소와는 다른 모임에도 참가해 보자.

'친구와 함께'가 가끔은 지쳐요

외톨이는 싫으니까
친구들 분위기에 맞추고 있다면

반에서나 동아리 활동에서 그 자리의 분위기에 맞추려고 고생하는 사람들 중에는 '외톨이가 되고 싶지 않다'고 느끼는 사람도 있으리라고 생각합니다. 사실은 혼자만의 시간도 원하지만, 혼자 지내면 남들에게 '친구가 없는 사람'이라고 여겨지는 게 싫어서 되도록이면 누군가와 함께 있으려고 합니다. 마음속 어딘가에 그런 미련이 남아서 친구를 사귄다는 사람도 있을 겁니다.

다만 **그런 마음으로 늘 누군가와 함께 있다 보면 결국 힘들어질 때도 있습니다.** 항상 누군가에게 조금씩 신경을 써야 하고, 완전히 긴장을 풀고 쉴 수 있는 시간이 별로 없다면 결국 지치고 말겠죠.

친구 관계에서 스트레스는 따라오기 마련

아무리 사이좋은 관계라고 해도 누군가와 함께 있을 때는 조금은 더 신경이 쓰이는 법입니다. 그런 의미에서 **친구를 사귄다는 것은 약간의 스트레스가 생길 수밖에 없는 일**이라고 생각해 두는 것이 좋습니다.

거의 신경 쓰지 않아도 함께 있을 수 있는 상대를 발견한다면 친구 사귀기가 지금보다는 편해질 수 있습니다. 하지만 그런 상대라도 함께 있으면 여러 가지 일이 일어납니다. 친구를 사귀다 보면 아무래도 갈등은 있기 마련이니까요.

누군가와 항상 함께 있는 것은 힘듭니다. 그런데 외톨이는 되고 싶지 않습니다. 이 두 마음 모두 중요합니다.

'가끔은 혼자이고 싶다'고 생각하는 것은 자연스러운 일

'친구와 함께 있고 싶다'고 생각하면서도 '항상 함께 있는 건 힘들다'고 느끼는 건 이상한 게 아닙니다. 그건 인간의 자연스러운 감정입니다.

'외톨이가 되고 싶지 않다'고 생각하는 것도 이해하지만, 그 마음이 너무 강하면 '혼자 있는 것은 좋지 않은 것'이라고 생각하게 되어 '혼자이고 싶다'고 느끼는 자신을 탓하게 될지도 모릅니다. 그래서는 혼자가 되어 한숨 돌리는 것도 어려워집니다.

마음 편한 상태는 사람에 따라 다릅니다. 자신은 어떤 식으로 친구를 사귀어야 마음이 편한지 생각해 보기를 바랍니다.

혼자가 되는 것을 두려워하지 말고 친구를 사귀자

나에게 맞는 친구 사귀기 방법을 생각할 때는 식사 장면을 떠올려 보기를 추천합니다.

식사할 때 혼자여도 전혀 아무렇지 않다는 사람도 있습니다. 그런 식으로 지내는 것이 좋은 사람은 혼자 있는 시간을 어느 정도 만드는 것이 편할 수 있습니다.

한편, 식사할 때는 항상 누군가와 함께하는 게 좋다는 사람도 있습니다. 그런 사람은 친구와 함께 있는 시간을 길게 가지는 편이 마음 편하게 지낼 수 있습니다.

여러분은 어느 쪽인가요? 식사 장면으로는 이미지가 잘 그려지지 않는다면 학교에서 쉬는 시간이나 동아리 활동 시간에 자신이 가장 마음 편하게 있는 때를 떠올려 보기를 바랍니다.

혼자 있는 게 나쁜 건 아닙니다. 스트레스를 쌓아 두지 않도록 '혼자 있고 싶은 시간'은 어느 정도인지를 생각해

서, **내가 편하게 지낼 수 있는 시간과 친구를 만나는 시간 사**
이의 균형을 잡아 나가도록 합시다.

여러분이 혼자 있고 싶은 시간은?

12시간

하루의 절반은 혼자 있고 싶은
유형. 방과 후에는 집에 가서
내가 좋아하는 걸 하고 싶다.

4~5시간

친구와도 그런대로 함께하고
싶지만, 혼자만의 시간도 소중
히 가지고 싶은 유형. 적당한
균형이 마음 편하다.

1~2시간

기본적으로는 친구와 함께 있
고 싶은 유형. 혼자 있는 시간
이 싫은 건 아니다.

0시간

항상 되도록 누군가와 함께 있
고 싶은 유형. 비는 시간이 생
기면 친구와의 일정을 넣고 싶
어진다.

혼자 있는 시간이 많아도 적어도 괜찮으니 내 마음이 편한 방법을 찾자

기억해!

'친구와 함께 있고 싶다.', '혼자 있고 싶다.'
두 기분 모두 소중히 여기자.

나는
혼자가 편한데
남들이
걱정해요

혼자 있는 게 좋지만
'남의 시선'도 신경 쓰인다면

나는 '혼자 있고 싶은 유형'이라는 걸 이미 자각하고 있는 사람도 있을 겁니다. 혼자 있는 게 좋아서 무리해서 분위기를 맞추는 일도 없고, 혼자서도 마음 편하게 지내고 있는 사람도 있겠지요.

그런 사람이라고 친구를 사귀는 문제로 고민이 없는 건 아닙니다. 혼자 즐겁게 지내더라도 불안해질 때도 있습니다.

주변 사람들에게 이상한 녀석이라는 말을 듣거나 외톨이에 어리석은 녀석이라는 취급을 당하기도 합니다. 나는 '혼자여도 별로 상관 없다'고 생각하더라도 계속 놀림을 당하면 기분이 나빠지는 법입니다. 그런 '남의 시선'을 어떻게 생각하면 될까요?

혼자 있는 것에 어느 정도 스트레스를 받는가

항상 혼자 있으면 불편한 것도 있습니다. 예를 들어, 수업에서 공동 작업을 할 때 나만 함께할 사람을 찾지 못하고 어떤 그룹에 끼워 달라고 부탁해야 합니다. 나도 불편하고, 그룹의 친구들도 환영하는 분위기는 아닙니다.

그런 상황에서는 허물없이 지낼 친구가 없는 것을 비참하게 느낄지도 모릅니다. 다음 날의 일정이나 준비물을 모를 때 부담 없이 물어볼 수 있는 상대가 없는 것도 곤란합니다.

혼자 있을지, 아니면 친구에게 맞출지 고민될 때는 **친한 친구가 없어 곤란한 일을 내가 얼마나 스트레스로 느끼는지 생각해 보는 것도 좋습니다.**

함께 어울릴 수 있는 친구가 없는 것이 큰 문제로 느껴진다면 내가 친구 사귀는 방식을 돌아보는 것이 좋습니다. 하지만 다소 불편하더라도 혼자 있는 게 마음 편해서 좋다고 생각한다면 무리해서 친구를 사귈 필요는 없겠죠.

교실이라는 좁은 커뮤니티를 답답하게 느낀다면

학교 교실이란 매우 좁은 커뮤니티입니다. 고정된 구성원으로 매일 지내다 보니, 그 관계 속에서 교실의 '보통'이 다 만들어집니다. 그 '보통'에 익숙해지지 않는 사람에게는 숨 막히는 공간이 될 수도 있습니다.

혼자 지내고 싶어도 모두 같은 공간에 있으면 아무래도 친구들과 접점이 생깁니다. 그러한 접점이 성가시게 느껴진다면 **교실에서 지내려 하지 말고, 조금 밖으로 나와도 괜찮습니다.**

학교 운동장이나 도서관에서 혼자 느긋하게 지내는 것도 좋아

교실에서 혼자 느긋하게 지내지 못하는 사람은 학교에서 자신이 즐겨 찾을 수 있는 장소를 찾아보기를 바랍니다. **친구와 함께가 아닌, 혼자서 마음 편한 장소에 가는 겁니다.** 그러면 교실 분위기에 따르지 않아도 괜찮아집니다.

또한, 교실에 있다고 해도 반 친구들과 얽히려고 하지 말고 못다 한 숙제를 해도 좋겠습니다. 좋아하는 책을 읽으면서 지내는 것도 추천합니다.

학교에서 '쉬는 시간은 친구들과 어울리는 게 좋다'고 생각하는 사람이 많이 있지만, 꼭 그렇다고만은 할 수 없습니다. 친구와 어울리지 않는 것에 죄책감을 가질 필요는 없습니다.

반 친구들을 피한다기보다 나다운 방식으로 지내는 겁니다.

나 자신을 스스로 돌보는 것입니다. 그런 의식을 가지면 '남의 시선'을 너무 신경 쓰지 않고, 명쾌하게 생활할 수 있습니다. 시도해 보기를 바랍니다.

아무도 안 오는 계단

도서실

학교 운동장

학교 어딘가에 나만의 장소를 만들자

기억해!

나 혼자만의 공간은 생각해 내기 나름이야.
교실 밖에도 교실 안에도 만들 수 있어.

애초에
친구라는 게
시시하게
느껴져요

관심사가 다른 건 누구 탓도 아니야

친구에게 맞춰서 맞장구치는 행동을 바보 같다고 생각하는 사람도 있을지 모릅니다. 학교에서 반 친구랑 이야기해 보니 시시하다고 생각하는 사람도 있습니다. 언제까지 이 이야기에 장단을 맞춰 줘야 하는가 느끼지만, 아예 거부하고 싶을 정도의 친구는 아닙니다. 이럭저럭 사귀고는 있지만 친구 사귀기가 점점 고통스럽게 느껴진다는 고민입니다.

친구의 이야기에 관심을 두지 못하는 것은 친구나 여러분이 나빠서가 아닙니다. 서로 흥미를 느끼는 주제가 다를 뿐입니다. 재미없고 시시하다고 생각하는 건 어쩌면 당연한 일입니다. 그 사실에 죄책감을 갖지 말고 '그럼 나는 어떻게 하고 싶은가'를 생각해 나갑시다.

당신은 혼자 있는 시간을 소중히 여기고 싶은 유형일지도 모릅니다. 친구와 오랜 시간 수다를 떨고 싶은 건 아니니까 생활 방식을 바꿔 봅시다.

처음에는 친구에게 "요즘 너 분위기 못 맞추네."라는 말을 들을 수도 있습니다. 그래도 **무리해서 사귀지 않고, 자신의 속도를 중요하게 생각하다 보면 결국 나만의 방식이 완성됩니다.** 예를 들어 자신을 '긴 이야기는 안 하는 사람'

으로 정착시켜 나가면, 인사나 잡담은 하지만 길게 수다는 떨지 않는 적당한 친구 관계를 만들 수 있습니다.

세상에는 어떤 화제라도 그 나름의 수다를 떨 수 있는 사람도 있습니다. 별로 흥미가 없는 것에도 어느 정도 관심을 갖고 상대의 이야기를 듣거나 자신의 생각을 이야기할 수 있는 거죠. 그런 사람에게 친구와 수다를 떠는 일은 어렵지 않을 겁니다.

한편, 관심 있는 화제라면 즐겁게 이야기할 수 있지만 흥미 없는 것까지 맞장구를 쳐 주는 건 못하는 유형도 있습니다. 이런 사람의 경우, 상대가 친한 친구라고 해도 주제가 나와 안 맞으면 지루해하고 맙니다. 너무 당연한 이야기여서 잊어버리기 쉽지만 **의사소통 방식은 사람마다 다릅니다.** 어느 쪽이 좋다고 할 수는 없습니다.

서로가 싫어하는 방식으로 대하지 않으면 돼

내가 잘 대답하지 못하는 화제라고 해서 언짢게 생각할 필요는 없습니다. 또한 이야기가 지루하다고 생각하는 상대방을 나도 예의 없는 방식으로 대하지 않도록 조심합시다.

"생각하는 게 애 같고, 재미가 없어.", "개그 센스가 없어서 최악이야." 등의 말을 한다면 상대는 물론 기분이 나쁠 테고, 지금까지 잘 지내 온 관계도 틀어질지 모릅니다. 그것은 상대의 '나다움'을 존중하지 않는 행위입니다.

서로가 소통하는 방식이 다를 뿐입니다. 나도 상대방도 소중히 여기기 위해 그 사실을 잊지 않기를 바랍니다.

내가 이야기하고 싶어지는 의사소통 방식을 생각해 봐

'내가 좋아하는 주제로 신나게 이야기하고 싶다'는 유형의 사람은 **취미 활동에서 친구를 찾거나 비슷한 사람들이 모이는 동아리 활동에 참가해 보는 것이 좋습니다.** 어느 정도의 연령이 되어 인터넷을 잘 사용할 수 있게 되면 앞의 만화처럼 온라인에서 친구와 사귀는 것도 하나의 방법입니다. 물론 위험한 일에 말려들지 않도록, 믿을 수 있는 어른에게 상담하면서 교류하는 것이 가장 좋습니다.

직접 만나는 것보다 음성 통화나 문자 메시지를 주고받는 것이 좋다는 사람도 있습니다. 더욱이 지금은 편리한

도구가 다양하게 있는 시대이니만큼 자신이 대화하기 편한 환경을 선택하도록 합시다.

커뮤니티, 대화 내용, 교류 수단 등을 조금씩 바꿔 보면서 이야기를 나눴을 때 즐겁게 느껴지는 친구를 찾아보기를 바랍니다.

기억해!

자신이 '재미있다'고 느끼는 감정에 솔직해져서 대화 상대를 선택해 나가자.

부모님이 '나다움'을 인정해 주지 않아요

나답게 열심히 하고 있는데도 부모님이 '그걸로 부족하다'고 말한다면

친구 관계보다 부모 자식 관계에서 나다움을 인정받지 못해 고민하는 사람도 있습니다.

내가 좋아하는 게 뭔지 알게 되었는데 부모님과 의견이 충돌한다거나, 열심히 하고 있는데 부모님은 "그걸로는 부족해."라고 말한다거나, 자신의 '보통'과 부모님의 '보통'이 다르다는 등의 고민입니다.

부모와 자녀의 의견이 안 맞는 일은 예로부터 자주 있던 일입니다. 부모가 연을 끊겠다고 해서 집을 뛰쳐나오는 자식도 있었습니다. 그렇게 자신의 생각을 관철시켜 사회에 나와 성공한 사람도 있습니다. 지금은 집을 뛰쳐나오거나 집에서 쫓겨나는 일은 거의 없으리라 여기지만, 부모 자식 간의 생각이 안 맞으면 충돌하는 경우가 적지 않을 겁니다.

언젠가 부모는 자식의 생각을 인정할까요? 아니면 평생 평행선일까요? 부모는 신경 쓰지 말고, 사회에서 나답게 살아가는 것이 좋은 것일까요? 부모 자식 간의 엇갈림을 어떻게 생각하면 좋을까요?

사춘기에 부모 자식 관계가
미묘해지는 것은 당연

일반적으로 사춘기가 되면 같은 세대에 유대감을 가지기
쉽습니다. 한편, 위 세대에게는 선을 긋게 됩니다. **자신과
어른들 사이에 선을 긋고 싶어지는 것입니다.** 사람에 따라
서는 어른 세대에게 반발심을 느끼기도 합니다.

부모란 '어른 세대'의 대표적인 존재입니다. 사춘기에는
'부모님의 의견 따위 듣고 싶지 않아.'라고 생각하기도
합니다. 자신의 생각과 부모의 생각이 충돌하는 것은 드
문 일도 아니죠.

자신만의 생각이 생기기 때문에
부모와 안 맞는 때가 있어

부모 자식 간에 다소 의견이 맞지 않더라도 자녀가 하고
싶은 것을 부모가 이해하고, 자녀가 열심히 할 때 공감이
나 응원을 해 주는 관계라면 좋겠지만, 그렇지 못한 경우
도 있습니다. 그중에는 자녀의 말은 듣지 않고 자신의 의
견만 강요하는 부모도 있죠.

아이가 어릴 때는 부모가 하는 말을 대부분 옳다고 생각

해서 부모의 말을 잘 듣지만 **사춘기가 되면 자기 생각이 있다는 것을 자각하게 됩니다.** 부모의 부속품이 아닌, 부모와는 다른 생각을 가진 한 인간이라고 깨닫는 것입니다. 그리고 부모도 틀릴 수 있다는 것을 알게 됩니다.

그때 부모와 자식이 서로의 생각을 인정해 주는 관계가 되면 좋지만, 부모가 자녀에게 항상 부모의 말만 듣도록 강요하거나 자식이 부모에게 필요 이상으로 반발하는 경우도 있습니다.

부모에게 상담할 수 없다면 의지할 수 있는 다른 어른을 찾자

부모 자식 관계가 좋지 않을 때는 부모에게 이해를 구하는 것이 어려울지 모릅니다. 이야기가 통하는 건 친구밖에 없다고 생각하는 시기도 있을 겁니다.

어떤 고민도 친구에게 상담해서 해결되면 좋겠지만 늘 그럴 수는 없습니다. **역시 다양한 경험을 쌓은 어른이 의지가 되는 때도 있습니다.**

부모에게 상담할 여지가 없는 사람은 의지할 수 있는 다른 어른을 찾읍시다. 자신보다 위 세대이면서 나에게는 없는 지식이나 경험을 갖고 있는 사람을 떠올려 보세요. 학교 선생님, 동아리나 학원의 선생님, 부모님 외의 친척 중에서 속마음을 이야기할 수 있는 상대가 있다면 곤란할 때 의지할 수 있습니다. 또한, 공공 기관에도 전화나 채팅으로 상담할 수 있는 창구가 있습니다.

청소년 상담 1388

우리나라 여성가족부와 한국청소년상담복지개발원에서 운영하는 청소년 지원 서비스다. 학업 및 진로, 친구 관계, 가족 문제, 학교 폭력, 성폭력 및 성매매 등의 문제, 가출 고민 등 청소년기에 할 수 있는 다양한 고민을 전문가와 비대면으로 상담할 수 있다. 9~24세 청소년과 보호자는 365일 24시간 언제든 무료로 이용할 수 있다.

온라인 상담: www.1388.go.kr
문자 상담: 1388로 문자 전송
전화 상담: 유선 전화는 1388, 휴대 전화는 지역번호+1388
SNS 상담: 카카오톡, 페이스북, 인스타그램에 '청소년상담 1388'
　　　　　검색 후 메시지 전송

기억해!
부모 자식 관계가 미묘해지는 것은 흔한 일이야.
그럴 때는 '의지할 수 있는 다른 어른'을 찾아도 괜찮아.

잘하는 게 아무것도 없어요

나는 공부를 못한다.

저기….

대화도 서툴다.

학교에 가는 것 자체가 괴롭다.

결석하고
싶다.

앞으로 '보통'의 인생을 살아갈
자신이 없어….

다들 평범하게 할 수 있는 일을
나는 못 하겠다면

나름의 노력을 하고 있지만 좀처럼 나아지지 않아서 자신감이 생기지 않는 사람도 있을 겁니다. 공부도 운동도 친구 관계도 열심히 노력하고 있는데 잘 안 된다, 다들 평범하게 할 수 있는 일을 나는 잘 못한다, 특별한 걸 못하는 건 괜찮지만 적어도 남들과 마찬가지로 평범한 것은 잘할 수 있게 되었으면 좋겠다는 이야기도 들립니다.

이 책에서는 '나를 소중히' 여기는 것에 대해 반복해서 이야기하고 있지만, 여러분 중에는 자기 방식에 자신감이 없는 사람, '나다움'이 좋다고 느끼지 못하는 사람도 있을지 모릅니다.

평범한 걸 못하는 사람도
사회에 나가 적응할 수 있을까?

허울 좋은 말로 들릴지 모르지만 **공부나 운동, 인간관계를 잘하지 못하는 사람은 옛날부터 많았습니다.** 그 사람들 대부분은 서툰 부분이 있어도 사회에 나가 활동하고 있습니다. 여러분도 인터넷 등에서 그런 사람들의 체험담이나 고생담을 본 적이 있을 겁니다. 미숙한 부분이 있어도 방법은 있습니다. 다만 지금 이 순간 자신이 잘 못하는 것 때문에 생각이 많아 괴롭고, 잘 안 풀리는 날들을 보내고 있는 사람에게 나중의 일은 생각조차 할 수 없을지 모릅니다. '서투른 게 있어도 나다움을 소중히 하자'는 말을 들었다고 마음을 놓을 수도 없겠죠.

아무리 해도 자신감이 없는 사람은 어른에게 답답한 마음을 상담해 보자

이 책을 읽어도 고민이 사라지지 않고, 자신을 소중히 여겨야겠다는 생각이 들지 않는 사람은 **누군가 의지할 만한 어른에게 상담하고, 함께 생각해 달라고 부탁합시다.**

학교 상담 선생님에게 상담하는 것도 좋습니다. '상담 선생님'이라고 하면 마음의 큰 병이 있을 때 의지하는 상대라는 인상이 있을지 모르지만 "공부가 잘 안돼요." 같은 답답한 마음을 상담해도 괜찮습니다.

기억해!

혼자서는 고민이 사라지지 않고, 빛도 보이지 않을 때 상담 선생님 등 어른에게 상담해도 좋아.

'혹시 내가 발달 장애인가?' 생각한 적 있어요

내 고민이 '발달 장애'에 꼭 들어맞는 것 같아

잘 안 풀리는 일이 있어서 고민하고 있을 때, 가까이에 좋은 상담 상대가 없으면 혼자서 이런저런 생각에 빠지는 경우가 있습니다.

예를 들어 준비물을 잘 못 챙겨서 괴로울 때, 아무에게도 상담할 수 없으면 혼자서 궁리를 할 겁니다. 메모를 하거나 확인 횟수를 늘리거나, 텔레비전이나 인터넷에서 같은 고민을 가진 사람의 이야기를 찾아보기도 하겠죠. '준비물 잘 챙기는 방법' 등의 정보를 검색해 본 적도 있을 거고요.

그렇게 나름의 궁리를 하는 가운데 '발달 장애'라는 단어를 본 적이 있을지도 모릅니다. **발달 장애란 몇 가지의 특성으로 인해 생활하는 데 어려움이 나타나는 상태**를 말합니다.

'내 고민이 들어맞는다 = 발달 장애'라고 단정할 수는 없어

발달 장애에는 자폐 스펙트럼 장애(ASD)나 주의력 결핍 과잉 행동 장애(ADHD) 등의 종류가 있습니다. '준비물을 잘 못 챙긴다'는 것은 ADHD 특성이 있는 사람에게 보이는 특징 중 하나입니다. 그 외에도 '산만하다', '깜빡하는 실수가 많다', '시간을 못 지킨다' 등의 특징이 있습니다. 그런 정보를 보고 나와 들어맞는 게 많으면 '나는 발달 장애일지도 몰라.'라고 생각해 버릴지도 모릅니다. 하지만 **특징이 들어맞는다고 해서 발달 장애라고 단정할 수는 없습니다.** 준비물을 잘 잊어버리는 사람 모두가 ADHD에 해당하는 것은 아닙니다. 실제로 자신이 ADHD에 해당하는지 아닌지는 의료 기관에서 진찰을 받지 않으면 모르는 것입니다.

발달 장애는 병이나 장애라기보다 하나의 유형과 같은 것

'장애', '진찰'이라는 말을 들으면 '내가 병에 걸린 건가?' 싶어서 무서워지는 사람도 있을 겁니다. 그런 사람을 위해 발달 장애에 대해 조금 더 설명하겠습니다.

발달 장애는 병이나 장애라기보다 '유형'과 같은 것입니다. 예를 들면 ADHD에는 '부주의', '다동성·충동성'이라는 두 가지의 특징이 있는데, 부주의한 사람은 세상에 많이 있죠. 조심성이 없는 건 누구나 조금은 가지고 있는 특성입니다. **부주의하면 장애, 부주의하지 않으면 보통이라는 이야기가 아닙니다.** 누구나 부주의한 면이 있지만 ADHD인 사람은 특히 그 점이 심합니다. '남들과 다른 병'이라기보다는 '남들보다 특징이 강한 유형'인 것입니다.

자기 유형에 안 맞는 생활을 하면 결국 곤란해질 수 있어

예를 들면 "내일 준비물을 한 번만 이야기할 테니까 잘 들어 주세요."라는 말을 들으면 주의가 산만한 유형의 사람은 실수가 잦아집니다. 이때 필요한 준비물이 한눈에 보기 쉽게 정리되어 있는 환경이라면 아마 실수는 줄어들 것입니다.

부주의한 특성이 강한 사람이 반드시 고생하는 건 아닙니다. **환경에 따라 고생하는 정도는 달라집니다. 발달 장애는 그 정도를 근거로 진단됩니다.**

부주의가 심해 곤란을 겪고 있다면 ADHD라고 진단받는 경우도 있지만, 어느 정도 부주의한 행동을 하더라도 편안하게 지낼 수 있다면 진단받지 않을 가능성도 있습니다. 그런 의미에서 발달 장애는 병이라기보다도 유형과 같은 것입니다.

자신의 특징에 맞춰 열심히 연구하거나 남에게 기대면 돼

발달 장애의 특성을 하나의 유형이라고 한다면, 다음에 해야 할 일도 보일 것입니다. 생활하는 데 곤란을 겪지 않도록 대비하거나, 남에게 기대면 됩니다.

예를 들어 심하게 부주의한 사람이라면 실수를 감쌀 수 있는 환경을 만들어 가면 됩니다. '항상 예비로 여분을 준비한다', '준비물을 확인하는 횟수를 늘린다', '가족이나 친구에게 한 번 더 말해 달라고 한다'와 같은 방법으로 환경을 정돈한다면 곤란한 일은 줄어들 것입니다.

다른 사람이 잘하고 있는 것을 나는 잘 못하고 있으면 내가 뒤떨어지는 것처럼 느껴질 수도 있습니다. 그런데 몇 번이나 반복해 말하지만, 누구에게나 잘하는 것과 못하는 것이 있는 것은 당연한 이치입니다. 못하는 것에 너무 신경 쓴 나머지 자신의 장점이 사라지지 않도록 했으면 좋겠습니다.

'발달 장애'가 신경 쓰이는 사람은
한 번쯤 어른에게 상담하는 것도 좋아

발달 장애에 관한 기본적인 개념은 설명했지만, '내가 발달 장애일지도 모른다'고 신경 쓰이는 사람은 한 번쯤 부모님에게 상담을 하는 것도 좋겠습니다. 부모님에게 이야기하기가 어려운 경우에는 학교 선생님이나 상담 선생님을 찾아가 보는 건 어떨까요?

어른의 도움을 받아 의사 등 전문가의 이야기를 들을 수 있다면 자신의 특징을 더 자세히 이해할 수 있습니다.

발달 장애의 특성이 있다는 것을 알게 된다면 학교 등에서 배려나 지원을 받을 수도 있습니다. 혼자 힘으로 고민거리를 해결할 수 없을 때는 어른에게 기대는 것도 생각해 보기를 바랍니다.

발달 장애가 걱정된다면 병원이나 상담 센터에서 전문가의 도움을 받자

기억해!
'발달 장애'는 하나의 유형이야.
자신의 특징에 맞춰 생활을 정돈해 보자.

'보통'은 시대와 환경에 따라 쉽게 바뀐다

이 장에서 설명해 왔듯이 '보통에서 벗어난다'는 의미가 반드시 나쁜 것은 아닙니다. 보통의 방식으로는 잘 안 되었다고 해도, 얼마든지 다른 방법은 있습니다. 그 사실을 기억해 두기를 바랍니다.

"보통은 이렇지.", "평범하게 생각해 보면 알잖아."라고 주변 사람들이 제각기 말하는 것을 들으면, 마치 나한테만 보이지 않는 규칙을 위반하고 있는 듯한 기분이 들어 불안해지는 사람이 있을지 모릅니다.

그런데 '보통'이라는 것은 애초에 불확실한 것입니다. 그 기준은 시대나 환경에 따라 쉽게 바뀝니다. 일찍이 사회에서 여성은 결혼하면 일을 그만두고 전업주부가 되는 것이 보통이었습니다. 그런데 지금은 맞벌이 부부인 세대가 전업주부가 있는 세대의 수를 넘어섰습니다.

시대 변화뿐만 아니라 해외에 나가는 것만으로도 국내의 '보통'과는 전혀 다른 가치관을 볼 수 있습니다. 물론 해외에서 봤을 때 똑같이 국내에도 '보통'이 아닌 부분이 많이 있겠죠.

이렇듯 보편적인 사고방식, 윤리적인 가치관처럼 생각되는 것들도 시대나 환경에 따라 바뀌는 것이 많습니다. 쉽게 변하는 '보통'을 신경 쓰느라 나의 소중한 에너지를 쓰면서 휘둘리는 건 좀 아깝지 않나요?

'보통 = 옳다'가 아니라는 것을 기억해 두자

많은 사람에게 '보통은 이렇게'라는 말을 들으면, 그게 맞는 것 같은 기분이 들지도 모릅니다. 하지만 **내 사고방식이랑 다르고 올바른 것이나 바람직한 것이라고 생각되지 않는다면 '보통'에 따를 필요는 없습니다.**

극단적인 이야기지만 범죄 집단에 속해 있으면 누군가를 속여 돈을 빼앗는 것이 '보통'이 되어 버립니다. 그런데 그건 올바른 방식이 아닙니다. 이렇듯 '보통'의 기준이 누군가한테는 자신에게 유리한 환경을 만들기 위해 사용되는 경우도 있습니다. 타인에게 강요당하는 '보통'을 무리해서 이해하려고 하지 않아도 괜찮습니다.

타인의 '보통'보다 '나다움'을 소중히 여기자

분명히 말하지만 '보통'이라는 것은 필요 없는 가치관입니다. 저는 그런 가치관을 신경 쓰지 않아도 된다고 생각합니다.

많은 사람이 말하는 '보통'을 관찰해 보면 실은 다수파의 의견이나 규칙, 전체의 평균치 등입니다. 어느 정도 참고는 되지만 누구에게나 통하는 보편적인 진실은 아닙니다. 그런 가치관에 얽매여 있으면 잘못 판단하는 때도 있습니다.

많은 사람이 '보통'이라고 말하는 것이라도 '좀 이상하잖아.', '나랑은 안 맞는 것 같아.'라는 생각이 든다면 그 가치관은 버립시다. 그보다도 **나 자신이 중요하다고 생각하는 것을 소중하게 여기기를 바랍니다.**

세상에는 다양한 커뮤니티가 있습니다. 지금은 주위의 '보통'과 자신이 '소중하다'고 느끼는 것이 일치하지 않을지도 모릅니다. 하지만 나답게 지내는 동안에 **여러분이 소중하다고 생각하는 것을 똑같이 소중하다고 생각하는 사람들과 만날 날도 반드시 올 것입니다.** 여러분은 '보통인가 아닌가'를 신경 쓰는 것보다 '나답게 살아가고 있는가'를 더 중요시했으면 좋겠습니다.

기억해!

'보통'이라는 것은 인생에 필요 없는 가치관이야.
그보다 '나다움'을 소중히 하자.

제5장

남들과
다른

나와 마주하는 법

상상하는 것보다 더 많은 삶의 방식이 있어

지금까지 20개의 구체적인 고민을 살펴보고, 다양한 각도에서 '여러분 자신을 소중히 여기면 좋겠다'는 이야기를 해 봤습니다.

선생님이나 부모님에게 듣는 말, 학교생활에서 이상적으로 여겨지는 방식이 전부는 아닙니다. 그리고 문제에 대처하는 방법, 발상을 전환하는 방법은 여러분이 상상하는 것보다 더 많이 있습니다. 받아들여도 괜찮다 싶은 방법부터 시도해 보세요.

마지막으로 네 장의 주제를 되짚으면서 '남들과 다른' 자신과 마주하는 법, 그리고 주위 사람들에게 다가가는 방법에 대해 알아 봅시다.

'보통'을 강요하는 것은 쓸데없는 짓

세상에는 '보통 이렇게 하는 것'이라고 말하면서 자신의 '보통'을 강요하는 사람이 있습니다. 예를 들어 학교 동아리 활동에서 선생님이나 선배가 '보통의 방식'으로 하라고 지시할 때가 있습니다. 그중에는 물론 적절한 방법도 있지만, 우위에 있는 사람에게 유리하게 작용하도록 조정한 방법도 있습니다.

그런 환경에서는 누군가가 이의를 제기하면 "아니, 이게 보통이니까."라는 소리를 듣기도 합니다. **중요한 것은 '보통 어떤가'가 아니라 '적절한가 아닌가'**인데, '보통'을 이유 삼아 다른 의견을 차단하려고 하는 사람이 꼭 있습니다. 그렇게 대화를 거절하고 다른 의견을 배제하는 행동은 어리석은 짓입니다. 그런 '보통'에 따를 필요는 없습니다. 그런 이야기를 듣고 있으면 나다움은 점점 사라져 갈 뿐입니다.

혹시라도 누군가가 '나다움'을 비웃는다면

모두의 '보통'과는 다른 행동을 하면 비웃음을 당할지도 모릅니다. 나는 생각한 대로 행동한 것뿐인데 사람들이

빈정거리거나 놀립니다. 그럴 때는 나 자신이 싫어지기도 하고, 놀리거나 비웃은 사람들이 싫어지기도 할 것입니다.

그런데 **개성이 뚜렷한 것이 잘못은 아닙니다.** 여러분이 누군가의 '보통'에 딱 맞지 않았다고 해서 나쁜 게 아닌 거죠. 무리해서 상대방의 '보통'에 꼭 맞는 사람이 되려고 하지 않아도 됩니다.

불쾌하게 나를 놀리는 사람과는 엮이지 않아도 돼

나는 잘못이 없는데 불쾌하게 놀리는 사람이 있으면, 그 사람과는 엮이지 않도록 합시다. 그런 사람은 자신의 '보통'에 사로잡혀 있어서 남의 생각을 들을 수 없는 경우가 많기에, 이야기가 통하지 않을 가능성이 큽니다.

그 사람과 어울리지 않으려고 하는데도 여러분을 끈질기게 놀린다면 어른에게 상담하세요. **사람의 개성을 조롱하는 것은 상대방의 존엄을 공격하는 중대한 문제 행위**입니다. 확실하게 대처해 줄 어른에게 상담합시다.

부모님이나 담임 선생님에게 의지하면 좋지만 어렵다면

학교 상담 선생님 등 신뢰할 수 있는 어른을 찾으면 됩니다. 제2장의 내용을 참고해서 상담 상대를 찾아보기를 바랍니다.

'보통'을 방패 삼아 다른 의견을 차단하려는 사람과는 사귀지 않아도 된다

나도 누군가를 옳지 않은 방식으로
대하지 않도록 주의하자

누군가의 권리에 해를 입히는 행위는 중대한 문제입니다. 자신이 공격받았을 때는 꼭 대처해야 합니다. 그리고 또한, 여러분도 누군가의 권리에 해를 입히는 일이 없도록 주의할 필요가 있습니다.

나다움을 소중히 여기는 것은 좋지만, 그렇다고 자신과 사고방식이 다른 사람의 존엄을 부정해서는 안 됩니다. 예를 들어 '난 그 사람의 사고방식과 안 맞아.', '보기도 싫어.'라고 느낄 만한 상대가 있다고 해서 그 사람에게 "너는 살아갈 가치가 없어.", "죽는 게 나아." 등의 말을 하는 것은 상대방의 존엄을 공격하는 발언으로, 용서받을 수 없는 행위입니다. 나도 다른 사람을 옳지 않은 방식으로 대하지 않도록 조심합시다.

자신의 '나다움'을 소중히 여기기 위해 다른 사람의 '나다움'도 존중해야 합니다. 상대방에게 생각을 맞출 필요는 없지만, 상대방의 생각을 인정하고 존중할 필요는 있습니다. 그렇게 함으로써 나도 다른 사람도 각자 나답게 살아 나갈 수 있습니다.

세상에는 다양한 '보통'이 있어

같은 반의 많은 아이가 생각하는 '보통'에 나만 잘 섞이지 못한다면 '내가 좀 이상한 걸까?' 생각할지도 모릅니다. 그런데 지금까지 이야기해 왔듯이 세상에는 다양한 '보통'이 있습니다.

혹시라도 지금 있는 장소, 지금 속해 있는 집단에 마음의 불편함을 느낀다면 조금만 움직여서 이웃의 '보통'을 보도록 합시다. 거기에는 여러분에게 맞는 세계가 있을지도 모릅니다.

어른이 되면 세상에는 다양한 사람이 있다는 것을 피부로 느끼고, 나만 이상한 것은 아니라는 것을 이해할 수 있습니다. 여러분도 그때쯤에는 반드시 마음이 한결 편해질 거라고 생각합니다. 그런데 여러분이 어른이 되는 것은 아직 꽤 먼 일입니다. 지금은 먼 미래까지 내다볼 수는 없을 겁니다.

여러분이 금방 어른이 되는 건 불가능합니다. 지금은 학교나 지역의 '보통' 속에서 생활해 나갈 수밖에 없죠. 그래도 이웃의 '보통'을 잠깐 둘러보는 것은 지금 당장이라도 할 수 있는 일 아닌가요?

'동갑이 아닌 사람과 이야기해 볼까?', '다른 동아리 활동을 하는 애는 어떻게 생각할까?' 이런 식으로 생각을 넓혀서 지금까지와는 조금 다른 것들을 시도해 봤으면 합니다.

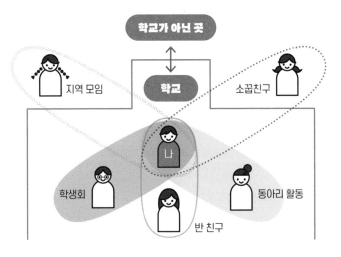

학교에서도 학교 밖에서도 내가 있을 곳은 하나가 아니야

나만의 장소를 몇 군데 가지면
나답게 지낼 수 있어

학교나 교실이라는 하나의 환경밖에 모르는 사람은 고민할 때 도망갈 곳을 못 찾아서 괴로울 수 있습니다. 한편, 학교 안에 몇 곳의 쉴 장소를 가진 사람, 학교 외에도 기

댈 곳을 가진 사람은 어떤 장소에서 잘 안 풀리는 일이 있어도 다른 장소에서 생기 넘치게 지낼 수 있기도 합니다. 여러분들이 그런 생각을 갖고, 다양한 '보통'을 보고, **나답게 있을 수 있는 커뮤니티를 찾았으면** 합니다. 지금 있는 환경에 잘 섞이려고 노력하다가 나다움을 소모시키는 것이 아니라 자신을 소중히 여기면서 조금씩만 세계를 넓혀 보세요. 몇 군데 있을 곳을 갖고 있으면, 나답게 지낼 시간이 많아집니다.

남들과 다른 것은 나쁜 게 아니다

10대란 아이에서 어른이 되어 가는 과도기입니다. 그보다 앞선 어린 시절에는 많은 아이들이 장래의 무한한 가능성을 느끼고, '열심히 하면 뭐든지 될 수 있다'고 천진난만하게 생각하기도 합니다. 그러나 10대가 되면 현실이 보이기 시작합니다. 나는 서투른 것도 있고, 다른 사람들처럼 할 수 없는 것도 있다는 것을 알게 됩니다.

주변을 보고 다양한 유형의 사람이 있다는 것을 이해해 가면서, 나다움도 깨달아 나가겠죠. 그 시기에 나만 잘 안 풀리는 일이 많아지면 내 잘못인 것처럼 생각해 버리기도 합니다. 그런데 지금껏 이야기했듯이 남들과 다른 것은 나쁜 게 아닙니다.

남들과 다른 부분은 20대, 30대가 되면 하나의 개성이 되어 다른 사람에게는 없는 독특한 멋이 되는 경우도 있습니다. 10대 시기에는 미래의 일은 아직 상상할 수도 없을지 모르지만, 그 사실을 머릿속 한구석에 넣어 두기를 바랍니다.

위화감 속에 '나다움'이 숨어 있다

남들과 다르다고 느꼈을 때 그 위화감을 없애기 위해 '보통'이 되려고 하는 것이 아니라, 여러분은 오히려 '뭔가 다른 느낌'을 소중히 여겼으면 좋겠습니다. **지금은 그저 위화감이지만 언젠가 여러분의 개성이나 장점, 강점이 될지도 모릅니다.**

모두가 좋다고 생각하는 것에 대해 나는 그 정도로 좋다는 생각이 안 든다, 운동을 잘하고 이야기를 잘한다고 해서 나는 감동하지 않는다, 그보다도 책장에 자기가 좋아하는 책을 가지런히 줄 세우는 것에 마음이 더 끌린다 등의 생각을 하는 사람은 학교생활에서 위화감을 크게 느낄 수도 있습니다.

그 사람의 나다움은 10대 시기에는 주변 사람들에게 별로 좋은 평가를 받지 못할지도 모릅니다. 마음 맞는 친구를 좀처럼 찾지 못할 수도 있습니다. 그런데 자기가 좋아하는 것을 계속 소중하게 여기다 보면 지금부터의 인생 어딘가에서 그 '좋아하는 것'에 공감하는 사람, 그 '좋아하는 것'을 높이 사는 사람과 만날 가능성이 있습니다. 지금 '좋아하는 것'이 평생 이어지는 취미가 되거나 장래의 일로 연결되는 경우도 의외로 있습니다. 위화감을 소중히 여기는 것은 결과적으로 자신을 소중하게 여기는 길이기도 합니다.

나다움을 소중히 여기면
후회할 일도 줄어든다

누군가가 말하는 대로 살아간다면 큰 실패를 했을 때나 무척 좋아하는 것을 포기해야 할 때 매우 후회하게 됩니다. 그에 비해 자신이 좋아하는 것, 하고 싶은 것을 소중히 여기고 스스로 무엇을 할 것인가를 결정해서 행동하면 후회가 적어집니다. 실패하면 물론 후회는 하겠지만,

누가 시켜서 했을 때와는 후회의 방식이 바뀝니다.

남이 말하는 대로 해서 실패했을 때는 자신을 한심하다고 생각하는 데 그치지 않고 다른 사람을 못 믿게 되기도 합니다. '그 사람 때문'이라며 상대를 탓하는 마음이 머릿속에서 떠나지 않는 데다 자신감마저 없어집니다.

한편, 스스로 결단을 내린 때는 **후회는 하지만 '다음에는 어떻게 할까?' 고민하면서 더 나은 내일을 꿈꿀 수 있게 됩니다.** 그런 의미에서 여러분은 좋아하는 것, 하고 싶은 것을 소중히 여겼으면 좋겠습니다.

소중히 여기고 싶은 것을 소중히 하기 위해

'보통'을 버리는 일은 무언가를 포기하는 것과 비슷합니다. 그런데 그것은 여러분이 '정말 소중히 여기고 싶은 것'을 분명히 하기 위한 적극적인 행동입니다.

누군가 정한 규칙에 갇혀 자신의 장점이 사라지지 않도록, 남들과의 '다름'을 인정하면서 천천히 나다움을 찾아 소중히 여기며 나아갑시다. 이 책을 통해 그 힌트를 얻을 수 있기를 바랍니다.

⓫ 혼자서 01

내 맘에 드는 내가 되고 싶어

처음 인쇄한 날   2024년 10월 8일
처음 펴낸 날   2024년 10월 21일

글   혼다 히데오
옮김   우민정
펴낸이   이은수
편집   박진희, 오지명
디자인   원상희
마케팅   정원식
펴낸곳   오유아이(초록개구리)
출판등록   2015년 9월 24일(제300-2015-147호)
주소   서울시 종로구 비봉2길 32, 3동 101호
전화   02-6385-9930
팩스   0303-3443-9930
인스타그램   instagram.com/greenfrog_pub

ISBN 979-11-5782-305-5 44180
ISBN 979-11-5782-304-8 (세트)